鄭邦・著

正視中國崛起

台灣外交新戰略

目次

第一章

當前台灣在國際社會所面臨
之處境及其內外諸挑戰

在全球化（Globalization）衝擊下吾人所面對之國際社會無論在政治、經濟、社會、環境、文化與地緣政治等諸層面之相互關係日益密切，導致全球資源重新分配，彼此依賴之程度亦不斷提高，而且相互影響與衝擊之力量亦勢所難免，逐漸形成一個國際社區。誠如趨勢大師佛里曼（Thomas L. Friedman）在其名著《世界是扁平的》（The World Is Flat）所述，吾人務須改變以往「地球是圓的」之舊觀念，尤其必須了解世界扁平對全球化所造成之影響係非常深遠且充滿弔詭，全球化雖然有助於提升世界經濟與貿易發展，亦能增進各個國家間之密切往來，然而全球化亦使國與國間競爭隨之激烈，舉世各地均普遍出現貧富差距日益惡化現象，亦衝擊全球勞動市場生態與分配正義之諸問題，全球化恐會對某些國家造成一些相對負面之影響，事實上全球化所衍生之問題絕非任何單一國家所能獨立解決，允宜由所有相關國家面對問題共同磋商尋求解決之道，事實上數十年來美國所主導之全球化已顯現諸多疲態，以致種族主義抬頭與階級矛盾日益嚴重，甚至產生網路社群力量全力進行反全球化，造成全球之動盪不安。教宗方濟各（Pope Francis）曾於 2015 年 7 月 10 日在第 2 屆世界人民運動組織會議上發表演說時，譴責吾人正面臨「新殖民主義」壓迫貧窮國家，教宗強調「不要害怕說出來：吾人要改變，且要做真正之改變與結構性之改變」，1855 年英國首相 Lord Viscount Palmerston 曾在國會呼籲其國人稱：「吾人沒有永恆之盟友，吾人沒有永久之敵人，吾人之利益係永恆的，吾人職責乃在追求這些利益」（We have no eternal allies, and we had no perpetual enemies. Our interests are eternal and perpetual, and those interests it is our duty to follow.），誠哉斯言，吾人務應竭力追求我國家利益。從我國當前所面臨之主客觀環境，吾人似可從下列 11 個層面檢

視台灣所面臨之處境及其內外諸挑戰如次：

1. 國際社會國與國間之競爭日益激烈，我國面臨極大挑戰今後應加強提升我綜合國力與競爭力。

國際貨幣基金組織（IMF）2016 年 10 月公布「世界經濟展望報告（World Eonomic Outlook），預測未來全球經濟將呈現高度之不穩定與不確定性，2016 年世界經濟面臨復甦緩慢、國際油價下跌、海外需求不振且日本、中國經濟將持續降溫與英國公投脫歐以致英鎊下跌以及川普意外贏得美國總統大選等諸挑戰，2017 年全球經濟成長率或將達 3.4%，全世界將淒風苦雨各憑本事，全球經濟進入新平庸階段黑天鵝甚多，歐洲與日本均實施負利率，國際經濟前景混沌不明景氣疲軟，而且隨時或有可能引爆國際金融危機，惟美國經濟成長將達 3.3%，其餘大多數國家將面臨 2009 年以來最蕭條之一年，甚至 IMF 總裁拉加德（Christine Lagarde）曾稱世界經濟已走到十字路口（The World Economy Is At A Crossroads），至於台灣之情況，據行政院主計總處 2016 年 12 月評估 2016 年經濟成長率恐將下修至 1.35%，2017 年約 1.8%，惟本年全球貿易保護主義、民族主義與民粹運動將會擴大，因此 2017 年仍將係動盪不安之一年。未來投資不振與外銷將不斷下滑產業 M 型化之趨勢亦將愈加明顯，台灣之缺點厥在政府效能低落、政策不穩定、創新能力不足、稅制繁複、勞動法規諸多限制與中央政府財政赤字不斷惡化以及債務過高等問題，行政院主計總處 2016 年 5 月 3 日公布，2015 年台灣各級政府債務高達新台幣 24.77 兆元（包括各級政府之債務約 7.02 兆元與 17.75 兆元中央與地方政府合計之潛藏債務），其債務約為中央政府整年總預算之十二倍，平均每位國民背債新台幣 105 萬元，其中國民年金係國家潛藏負債之最大一筆，前財政部長張盛和與中

央銀行總裁彭淮南分別於 2015 年 9 月間呼籲政府當務之急應立即修改年金制度，否則將或有破產危機，惟必須兼顧社會公平與世代正義，當前台灣地方政府舉債超標最嚴重之縣包括苗栗、宜蘭、雲林、屏東、南投與嘉義等六縣，顯見台灣各級政府債務瀕臨警戒線與希臘相去不遠，希臘倒債悲劇之經驗，可供台灣財政改革之借鏡，吾人必須存有戒慎恐懼之心並設法開源節流，否則未來政府將會債留子孫或犧牲諸多重大公共支出，尤其吾人必須深切體認依據歷史法則，全球經濟平均每 8 年發生一次經濟衰退，目前已進入第 7 年之緩慢復甦，2017 年將係艱困之一年。整體而言台灣總體經濟亦欠穩定，政策變動不居、創新能力不足，景氣循環擴張速度極為緩慢且需求不振、所得分配不均以及失業人口仍偏高，國營事業近年來因財務體質惡化，出現投資持續下滑現象，民間企業亦面臨出口下降與投資成長緩慢之危機，凸顯台灣經濟成長模式業已發生質變，恐將成為「失焦式成長」危及永續經營，殊可顯示過去 8 年來馬政府之經濟牌從 633 到 ECFA 均嚴重失靈，因此台灣企業界指稱，台灣顯已面臨「四大皆空」──投資收手、出口銳減、民間消費遲滯與約 2,031 億美元資金出走國外，以及「三低」困境──低薪資、低利率與低成長，亟盼新政府拿出開創格局之新思維，並積極擴大內需加強基礎建設藉以刺激經濟並消除台灣企業界對未來之焦慮與茫然，蔡總統英文在 2016 年 6 月 7 日出席歐洲商會時，曾表示對當前台灣產業發展之憂心，並強調今後台灣將努力除弊興利並全力發展「生技醫療」、「綠能科技」、「亞洲矽谷」、「國防產業」與「智慧機械」等五大領域，在此一方面「荷蘭經驗」堪為台灣借鏡，中央研究院院士胡勝正 2015 年 9 月 21 日亦指出，台灣所面對之問題不在於資金不足乃在於投資意願低落與內需不高，以往整體執政團隊

均須負責，且應及時改善台灣投資環境，此或可進一步印證政論家高希均所指出當前台灣政府「失能」、國會「失職」、媒體「失信」、企業「失責」與經濟「失調」等現象，尤其台灣近 20 年來人民對選出之陳水扁總統貪汙行為深感痛恨，對馬英九總統施政無能極感不滿，對新選出之蔡英文總統這 8 個多月之表現復感失望，以致民調支持度跌破 4 成，例如台灣世代智庫 2016 年 10 月 23 日所公布民調顯示，對蔡總統不滿意高達 45.2%，有鑒於台灣人民之長期沮喪，誠屬一大危機，殊值警惕。

2. 世界各國正面臨諸多共同問題亟待解決，然而我國卻因外交孤立因素被排除在外無法積極參與國際之合作誠屬遺憾。

當前全球人口高達 75 億人，世界各國面臨能源安全、貧富差距、難民、恐怖主義、經濟成長遲緩、環境生態惡化、人權保障、水荒、飢荒與毒品氾濫等諸問題。依據聯合難民署（UNHCR）2016 年 9 月統計全世界在 2015 年年底約有 6,530 萬人因戰亂流離失所亟待人道救援，平均全球每 113 人就有一名難民，由於敘利亞內戰不止與伊斯蘭國（ISIS）肆虐，2016 年來自北非與中東湧入歐洲之難民高達 130 餘萬人，該問題係第二次世界大戰以來最嚴重之國際人道危機，事實上救援難民係普世之人道價值，2016 年 9 月 19 日聯合國曾召開歷史上第一次世界難民高峰會以共同討論因應之道，然而我國因外交因素不但無法貢獻己力去分擔地球村成員之責任，亦無從由參與吸取國際經驗。

3 全球經濟區域整合正在歐洲、北美與東亞等地區積極推動之中，基於國家利益台灣必須儘速與重要經貿國家簽署自由貿易協定以突破被區域整合之邊緣化問題。

從 2000 年至 2010 年全球已簽署五十多項自由貿易協定（Free Trade Agreement 簡稱 FTA），而台灣僅能與紐西蘭以及新加坡等

9 國簽署其處境誠屬孤立，該全球經濟高度整合將對台灣產生極大之威脅，尤其中國、印度與美國未來之發展潛力，台灣必須正視倘未能及時融入其中勢將有被邊緣化與競爭力下降之隱憂，同時面對東協在國際上政經地位大幅提升之際，我自當快馬加鞭掌握此一契機發展新南向政策，事實上台灣面臨最大問題除外交孤立外，內部共識甚難形成，以致在加入全球經濟整合方面，雖然馬前總統於 2014 年元旦祝詞，宣示加入「跨太平洋夥伴協定」（TPP）與「區域全面經貿夥伴協定」（RCEP）為政府最優先之政策目標，俾加速融入亞太區域經濟整合，台灣亦再三表示願加入中國 2013 年所倡議建立之「亞洲基礎設施投資銀行」簡稱「亞投行」（AIIB）從而參與東南亞國家等地區基礎建設，然而迄今業已兩年半台灣在加入上述經濟整合之努力目前均無任何進展。吾人亦應從區域整合之層面注意英國於 2016 年 6 月 23 日舉行公投決定退出歐盟（EU），此舉將對全世界地緣政治與經濟帶來極大風險與不正確。

4. 國際政經情勢詭譎多變，台灣務應存有危機意識並拿出有效作為以肆應國際變動不居之環境。

國際社會反恐戰爭自 2001 年 9 月 11 日在美國發生所謂 911 恐怖襲擊事件迄今業已 16 年，全球各地之區域衝突仍持續不斷，美國軍隊雖已於 2007 年 12 月撤離伊拉克，期盼伊拉克自行解決其內部之問題，然而伊拉克仍為扶不起之阿斗情勢日益惡化，2015 年 6 月 1 日美國被迫宣布恢復再派兵赴伊拉克以解決其動亂，美國誠陷入進退維谷之窘境並漸失去中東之控制權。俄國 2014 年併吞克里米亞島後烏克蘭暴力衝突不斷且引發歐盟對俄國之經濟制裁，甚至俄羅斯被逐出 7 國高峰會（G7），然而孤立莫斯科對歐美並未產生積極效果，反而更促成中俄戰略合作,俄羅

斯與伊朗以及敘利亞在中東之新聯盟。希臘積欠 3,230 億歐元債務危機發展迄今已逾 7 年，其債務佔 GDP 比率之 177%，目前苟延殘喘仍以債養債，該國已走到山窮水盡之地步人民陷於水深火熱之中，失業率高達 25% 其中年輕人 60% 失業，雖然歐盟與希臘歷經漫長之談判，繼續紓困希臘 860 億歐元並同意希臘留於歐元區，惟其前途之混沌不明，或將對歐元區周邊國家產生擴散效應。美國不顧沙烏地阿拉伯之警告與以色列之反對，逕行與伊朗進行歷經 12 年之世界 6 大國（包括美、英、法、德、俄與中國）核子談判於 2015 年 7 月底達致最終架構協議，該協議內容旨在抑制伊朗進行其敏感核子活動逾十年，以換取西方國家解除對伊朗經濟與石油等方面之制裁，惟伊朗未來是否會終止其侵略性並不再暗助支持諸如葉門、敘利亞、黎巴嫩與加薩走廊等地之國際恐怖行動殊值觀察。2011 年 3 月突尼西亞、埃及、利比亞與敘利亞等國，其人民為爭取民主自由而展開「阿拉伯之春」（Arab spring），惟其中敘利亞卻完全變調轉變為反抗阿賽德（Bashar al-Assad）政權之內戰，迄今敘利亞內戰已持續 5 年餘來，仍未見和平之曙光，其全國人口約有 2,300 萬人，其中已有 43 萬人在戰亂中喪生，依據聯合國難民署統計，約有逾 480 萬人淪為難民流離失所逃往至黎巴嫩、土耳其與約旦等國，敘利亞已取代阿富汗成為全球難民最大來源國，並成為第二次世界大戰後最大之人道危機。葉門內戰局勢惡化造成沙烏地阿拉伯率領 9 個遜尼派阿拉伯國家所組成之聯盟向伊朗支持之叛軍進行空襲，造成死傷無數。近年來北韓不顧國際社會之指責，曾於 2016 年 9 月 9 日進行第 5 次核試，據估計北韓擁有約 1,000 枚彈道飛彈直接威脅鄰國甚至美國，加諸北韓已廢止《兩韓停戰協定》並明顯違反聯合國安理會之多項決議案仍不斷對外發射飛彈，引發朝鮮半島高度

緊張情勢。此外，甫建國一周餘年在伊拉克與敘利亞甚為活躍之激進聖戰組織 Islamic State of Iraq and al-Sham「伊斯蘭國」（ISIS），其控制之面積相當於英國，該組織在中東地區四處作亂並摧毀伊斯蘭古蹟文物，對世界文明造成嚴重暴行，聯合國統計該組織計有 27,000 名外籍戰士效忠伊斯蘭國，自 2014 年 6 月至 2016 年 12 月兩年半內在全球 29 個國家發動恐怖攻擊行動造成 33,000 人死亡，業已取代阿富汗凱達（Al-Qaeda）成為全球最恐怖之組織，惟兩者差異之處乃在於 ISIS 對攻擊對象更隨機且更不加選擇，而凱達則係以報復西方強權為目的，因此雙方所採用之策略則有所不同，更有甚者，ISIS 已具備製造化學武力之能力且其招募人員來自全球各地，他們更易化身潛返母國犯案防不勝防。英國智庫皇家國際事務研究院（Chatham House）預測伊斯蘭國目前所擁有之資金依然豐沛軍備亦充裕，該組織今後在敘利亞與伊拉克等地區至少仍將活躍十年以上，對區域將產生重大威脅並造成歐洲難民危機，海牙國際反恐中心（International Center for Counter-Terrorism）2016 年 4 月 1 日公布目前約有 4,200 名來自法、德、英與比利時等歐盟地區人士前往敘利亞與伊拉克參加聖戰，其中約 17%為女性。同時據美國中央情報局（CIA）2016 年 4 月 12 日所獲情報顯示，ISIS 激進分子目前尚有約 2 萬 2,000 名戰士，其中部分戰士業已成功滲透至歐美亞洲國家，今後或將採「孤狼式恐攻」致使相關國家難以預防招架不住，台灣務應存有高度憂患意識，倘在防恐方面因應失當或將陷入泥淖。台灣目前仍為一分裂國家，面對中國潛在軍事衝突之威脅台灣絕不可尋求法理獨立，事實上「台獨」在台灣早已沒有市場，國際社會亦乏人問津。

5.國際恐怖事件方興未艾，台灣務應提高警覺並預作防禦。

美國國務院 2015 年 6 月 19 日公布年度全球恐怖主義報告，顯示伊拉克、阿富汗、奈及利亞、土耳其與敘利亞之極端勢力在 2013 年與 2014 年所製造之暴力正不斷升高，該報告指出就 2014 年而論，全球發生約 1 萬 3,500 件恐怖事件，造成約 3 萬 3,000 人死亡，2014 年恐怖事件較 2013 年增加 35%，成為 2001 年 911 紐約世貿中心恐怖攻擊以來死亡最嚴重之一年，根據該報告 2014 年全球有 95 個國家發生恐怖攻擊事件，主要集中於中東、南亞與北非，惟該恐攻自 2015 年已漸轉移至歐美非地區，甚至從 2016 年初起又逐漸在印尼等亞太地區展開，例如 2015 年 11 月 13 日巴黎恐攻事件與 2016 年 3 月 22 日比利時布魯塞爾恐攻事件，又如 2015 年 6 月 26 日一日之間全球就分別在突尼西亞、科威特、法國與敘利亞發生四起恐怖事件均為 ISIS 所造成，6 月 30 日該組織聖戰士復攻擊埃及西奈半島安全部隊，造成數十人死亡，歐巴馬總統 2015 年 7 月 6 日在五角大廈出席軍方與國安團隊之簡報後對媒體表示，在過去一年間美國所率領之聯軍已對伊斯蘭國發動 5,000 次空襲，平均每天耗費約 920 萬美元，迄今美國業已在 2015 年間花費 30 億美元，這場戰爭不可能速戰速決，恐怖主義已形成國際社會之公敵，其中以 ISIS 最具殺傷力，反恐將係一場全球相關國家共同努力之長期抗戰，澳洲經濟與和平研究所（IEP）2016 年 6 月 9 日公布全球 163 個國家之和平指數，台灣名列第 41 名，且係全球迄今尚未發生恐怖攻擊 69 個國家之一，依據 2016 年「全球恐怖主義指數」之報告，台灣排名第 113 名，係屬恐怖攻擊低風險國家，惟展望不可測且高度不確定之未來，台灣仍務應提高警覺絕不可掉以輕心，尤其 2017 年台灣所主辦之世大運將係一大考驗。

6. 中國崛起儼然成為亞太地區之強權，勢增台灣極大壓力。

美國哈佛大學教授杭廷頓（Samuel Huntington）於 1993 年在其名著《文明的衝突》一書曾稱，世界文明衝突終將無可避免，冷戰結束蘇聯解體後，伊斯蘭亟端主義係西方統治世界最大之威脅，他預測 21 世紀國際權力將由西方轉移東方，中國將成為全球強權，然而中國之崛起究竟將成為「中國威脅」或「和平崛起」成為舉世矚目且爭論不休之事實，2016 年中國國內生產總值 GDP（Gross Domestic Product）已高達 12.2 兆美元（美國 GDP 為 18.6 兆美元），中國僅次於美國為世界第二大經濟體且為全球最大貿易國，2015 年中國出口占全球出口比重之 12%，近年來中國逐漸由世界工廠轉型為世界市場，2016 年 11 月底中國之外匯存底 3.05 兆美元高居世界之首，同時據美國學界估計，中國之經濟實力在 2019 年前後或將超越美國，成為世界第一大經濟體，尤其習近平所推動之「一帶一路」與亞投行之設立，建構起「亞洲人之亞洲」（Asia for Asian）之新情勢，似可顯示中國崛起及其政經影響力遞增，其軍事與安全目標仍主要集中於亞洲與太平洋，該戰略發展象徵亞洲新世界之來臨，台灣絕不能輕忽此趨勢之發展方向，惟中國仍為一黨專政之社會主義國家（中國目前有 8,700 萬名共產黨員），今後仍將面臨下列挑戰：人權狀況不佳例如 2015 年 7 月中國以社會維穩名義，逮捕上百名律師與維權人士造成社會震盪，中國外匯存底雖高居世界首位，惟若扣除外債與非美元外匯儲備資產等，人民銀行真正銀彈僅約有 7,500 億美元，中國經濟正在進行轉型與多面向改革挑戰甚大，經濟成長放緩本年成長率將低於 6.5%中國經濟或將硬著陸且資金不斷外流凸顯經濟之結構性衰退、環境汙染、貧富差距日增、國內貪腐問題嚴重（逾 75 萬中國共產黨黨員近年來已因涉貪而受到處分）黨內派系競爭必將加劇、中國債務不斷膨脹，其債務占 GDP 比率約 240%，地

方債務高達 16 兆人民幣、過度保護國營企業（約有 15.6 萬家國企）且國營企業債台高築，其負債規模係總資產之比率 65%、法治不彰、銀行體系不健全、抗爭事件不斷、政治改革緩慢、分離主義挑戰、對新疆維吾爾族從事嚴格安全管制、與日本、越南以及菲律賓等鄰國分別在東海與南海進行主權之爭緊張關係持續惡化、以國家安全為由對國內網路加緊管控以及中國駭客對海外攻擊引起國際社會譴責等問題，中國在因應其國內外挑戰之際，這些情勢或將制約中國崛起之勢頭，中國今後或將運用其濃厚之民族主義（Nationalism）思想，拉高對台灣問題之強勢，轉移其國內問題焦點，從而鞏固中國政權存在之正當性（Justification），對於上述中國所面臨之諸問題，美國喬治華盛頓大學中國政策計畫（China Policy Program）主任沈大偉（David Shambaugh）教授 2015 年 3 月 16 日曾於《華爾街日報》發表之〈中國中國瀕臨崩潰〉（The coming Chinese crackup）專文，強調習近平之反貪腐改革業已造成中國共產黨及其個人之重大危機，今後易造成諸多幹部人人自危，尤其其改革觸及許多政治敏感議題，因此他認為中國正面臨 10 大危機包括經濟改革停滯、社會不平等、人口老化、貪汙橫行、政治壓制、人口都市化、環境高度汙染、國際形象欠佳、在南海與東海之強勢作為以及由於政治因素致使由下而上之創新受限等因素影響中國政權之穩定甚鉅，2015 年 4 月 2 日沈教授復以「在十字路口之中國中國：改革之挑戰」（China at Crossroads: Ten Major Reform Challenges）為題發表演說，他進一步指出倘習近平未能進行真正之政治改革，放鬆對國內政治與社會體制壓制，中國政權勢將進入終局（endgame）。英國《經濟學人》2016 年 3 月 17 日出版之《全球風險評估》報告指出，在 2016 年全球十大危機當中，中國經濟硬著陸名列第一，倘若中國經濟

下滑超出預期，將對全球經濟產生巨大衝擊。2016 年 6 月 8 日北京國際關係學院舉辦「中國崩潰論到底錯在哪兒」講座，旅美學者方紹偉認為，現今網路上流行的中國崩潰論只是單純表達政治立場，人民高喊不反腐就崩潰，其實是表達反腐的決心，政權是否會因腐敗而崩潰，還取決於領導者之統治能力。此外，中國外交近年來亦十分嚴峻，尤其遭到以美國為首之西方國家全面圍堵，倒如 2016 年 3 月 10 日美英德澳等 12 國發表聯合聲明，嚴厲指責中國鎮壓維權律師以致其人權紀錄不斷惡化；5 月 12 日歐盟呼籲相關國家對中國採取反傾銷措施；5 月 27 日七國高峰會指責中國在南海之活動引發區域緊張，同時朝鮮半島核子試爆問題與中印領土問題始終無法解決令中國頭痛不已。

7. 溫室效應與全球暖化問題勢將影響台灣至鉅。

當代美國思想大師杭士基（Noam Chomsky）曾表示，2017 年將屬動盪不安之一年，目前人類正面臨氣候變遷之環境災難與核武威脅兩大危機。依據聯合國「跨政府間氣候變遷專門委員會」（IPCC）分別於 2013 年 2 月 2 日及 4 月 10 日所發布之報告顯示：

(1) 溫室效應造成之地球暖化對環境之衝擊極為嚴重，據估計在本世紀結束即以前，由於聖嬰現象（El Nino）造成地球氣溫將上升攝氏 1.1 度至 6.4 度之間，海平面上升 28 到 43 公分，而且南北亟之冰層亦將大幅度消融，倘若全球氣溫升高 2 度，地球 15% 至 40% 之物種勢將瀕臨滅絕，若氣溫上升 4 度全球則將會有 30 多億人口面臨缺水。

(2) 科學家預測全球暖化將導致更多之熱浪、颱風、颶風與洪水氾濫，迫使南太平洋以及孟加拉等國家或地區數以千萬人被迫流離失所，國際社會終將面臨「氣候難民」

（climate refugee）之危機，例如 2004 年美國發生卡崔娜颶風造成 140 萬人被迫撤離，美國加州 2015 年與 2016 年正面臨歷史上 1,200 年來最嚴重之乾旱現象，均係全球暖化所造成之後果。

(3) 全球暖化造成氣候變遷，對人類整體經濟所帶來之負面影響遠較想像嚴重，例如 2080 年海平面上升 1.4 公尺全球 30%海岸勢將消失，天災亦將加劇全世界將普遍缺糧與缺水，人類似乎已經面臨到環境生態之反撲，今後如何建構人類與環境之共存世界俾能永續發展殊為一重要之課題，關於全球暖化現象及其影響，美國前副總統高爾（Albert Gore）所作之紀錄片《不願面對的真相》（An inconvenient truth）與李奧納多（Leonardo DiCaprio）所拍攝之紀錄片《洪水來臨前》（*Before the flood*）均強調吾人僅有一個地球，針對全球未來子孫之幸福，必須及時節能省碳並使用再生能源以拯救地球之生態。

(4) 聯合國曾於 2015 年 11 月 30 日至 12 月 12 日在法國巴黎舉行國際氣候大會「氣候變遷綱要公約第 21 屆締約方會議（COP21）」，全球計有 196 個國家派出 4 萬名代表、觀察員與公民團體與會，並討論通過「深度去碳途徑計畫」（Deep Decarbonization Pathways Project, DDPP），要求世界各國提出「國家自主決定之預期貢獻（Intended Nationally Determined Contributions, INDCs）」計畫，期能在 2050 年達到「零排放」目標，該巴黎協議業於 2016 年 4 月 22 日由來自 175 個國家領袖於紐約聯合國總部簽署，取代 1997 年第一份氣候變遷條約之《京都議定書》，成為聯合國氣候變遷綱要公約（UNFCCC）之新

核心，該協議若經全球 55%成員國批准，則將越過法定門檻，按 2016 年 9 月初美國、中國與印度業已分別批准，歐盟 28 國亦於 2016 年 10 月 4 日批准，該巴黎協議於 2016 年 11 月 7 日正式生效並將具有法律約束力（binding force），所有締約國均有義務承諾執行，違反者將接受制裁。

(5) 就台灣二氧化碳總排放量，以人口與土地面積平均值而言係屬世界第一，從 1990 年至 2004 年倍速成長 111%係全球成長值之四倍，全台灣二氧化碳排放量佔全球 1%且高居全球第 20 名，平均每人年排放量 10.95 公噸係全球平均值之 3 倍，同時台灣近 30 年來平均溫度每 10 年上升 0.24 度，高出全球平均值三倍之多，嚴重影響環境生態，因此台灣屬氣候變遷之高危險群，不但係受害者亦屬加害者，台灣務須正視此一嚴重問題，事實上台灣朝野歷經長達 9 年多漫長之研商，2015 年 6 月 15 日終於在立法院三讀通過行政院環保署所提出之《溫室氣體減量及管理法》，明定國家長期減量目標：2050 年回到 2005 年排放量 50%以下。立法院強調中華民國雖然不是聯合國會員，惟承諾與世界同步節能減碳將不遺餘力全力推動，以善盡地球成員之責任，按環保署之規劃，為確保國家能源安全，政府擬訂逐步降低對石化燃料之依賴並使用再生能源之中長期策略與目標，從而逐步落實非核家園願望，並早日加入 UNFCCC 公約及巴黎協議從而與全球合作對抗氣候變遷之威脅。

(6) 美國總統歐巴馬 2015 年 5 月 20 日曾稱，氣候變遷問題已威脅及國家安全（national security），氣候變遷危機全

球沒有任何一個國家能置身事外,極端氣候與海平面上升將導致社會動亂與國際政治不穩定,對國際經濟亦將造成不良影響,事實上中國、美國與印度為世界前三大排碳量最嚴重之國家,然而這些大國多年來對減碳目標欠缺具體作法,僅係口惠而實不至且毫無作為,2016年3月31日中國國家主席習近平訪美時,中美雙方領導人曾對人權問題與南海爭議雖仍有所歧見,惟雙方對全球暖化氣候變遷問題允將全力對抗,並同意簽署上述巴黎協議。

(7) 羅馬天主教教宗方濟各2015年6月18日曾發表聲明稱,人類正面臨一個強烈聖嬰現象,希望世界重視全球氣候變遷所帶來之嚴重問題,過去數十年海平面上升氣候暖化係人為所造成,必須由人類共同努力來解決,富裕國家更該負起環境保護之重責。

(8) 美國新總統川普曾在競選期間揚言「氣候變遷係唬人的騙局」,並宣示「美國將退出巴黎協議」,倘若今後川普落實其狂言,將會令約兩百國多年協商之成果付諸流水。

8. 聯合國在維護國際安全方面之功能正日益下降,台灣安全今後必須自立自強,絕無法依賴聯合國提供任何安全保障。

近年來聯合國在開支浩繁之伊拉克與阿富汗戰爭以及反恐戰爭等維護國際安全方面之貢獻甚為有限,目前全球安全之威脅除大規模毀滅性武器擴散與相關國家之國內戰亂以及朝鮮半島非核化等問題外,尚存有非傳統性安全議題諸如環境惡化、傳染病蔓延、貧窮飢餓問題及跨國組織犯罪,這些議題國際社會相關國家心知肚明難以仰賴聯合國之協助,一切須跨國合作共同解決

危機，因此近年來英美日等各相關國家均積極呼籲加速對聯合國進行大幅度之改革，事實上目前仍有一段漫長之旅程。

9. 兩岸關係所涉及之歷史恩怨盤根錯節，未來台海兩岸軍事衝突發生之可能性絕不容漠視。

近年來兩岸軍力平衡已朝向中國之方向失衡，中國在空軍與海軍軍力上明顯優於台灣，中國正透過軍事現代化將軍隊轉化為一個可執行複雜任務之高科技部隊，非但具有嚇阻力量而且可面對美、日等第三方介入之能力，就國際關係理論而言，台灣未來之安全攸關於中國之軍事能力（Military Capability）與政治企圖心（Political Intention）而定，自 1949 年 10 月中國建政迄今 67 年間曾發動 7 次國際戰爭（1950 年抗美援朝之韓戰、1954 與 1958 年兩次台海戰爭、1961 年印度邊界戰爭、1969 年俄國珍寶島戰爭、1979 年越南懲越戰爭以及自 1995 年 7 月 21 日至 7 月 28 日中國向台灣東北角發射 3 枚射程約 600 公里之東風 15 型短程彈道飛彈以抗議台灣李前總統登輝所倡議之「兩國論」，引爆第三次台海飛彈危機），這些史實台灣必須銘記在心不可或忘，況且中國從未放棄對台使用武力之可能性，第 10 屆全國人民代表大會於 2005 年 3 月 14 日通過施行《反分裂國家法》，依該法第二條規定「世界上只有一個中國，中國與台灣同屬一個中國，中國之主權與領土完整不容分割，台灣係中國之一部分，中國絕不允許台獨分裂勢力把台灣從中國分裂出去」，與第八條規定「國家得採取非和平方式及其他必要措施以捍衛中國主權與領土完整」，由上述之規定內容似可表明中國可依法對台使用武力以嚇阻台灣獨立，事實上中國在中國東南地區部署包括東海 16 型射程約 1,000 公里之中程飛彈針對台灣，2015 年 7 月 22 日中國解放軍在蒙古演習，據中央電視台影帶顯示，該攻台演習即以我總

統府為假想攻擊目標。根據瑞典斯德哥爾摩國際和平所（SIPRI）2016 年 4 月 4 日之報告顯示，中國 2015 年國防支出為美金 2,150 億元，高居世界第二位僅次於美國，中國亦係全球第三大武器出口國，佔全球出口比例 5%，每年出口總值約 3,000 億美元，僅次於美國與俄羅斯，美國國防部 2016 年 5 月 13 日公布之「2016 年度中國軍力報告」（Annual Report to Congress-Military and Security Development Involving The PRC 2016）指出，中國之主要軍事目標乃在於「促進中國之大國地位與擬獲得亞太地區優勢地位」，往往中國為達致其戰略目標會傾全力而為，該報告並稱中國軍力部署已造成台灣安全之重大挑戰，台灣以往擁有嚇阻中國侵略之優勢已經消失，中國一再強調為防止台灣走向法理獨立，出兵台灣當有其必要性。中國近年來以維護南海主權之名，在所控制之 8 個南沙群島之島礁進行填海造陸工程，其中永暑島礁已取代太平島成為南海最大之島，其工程造價約為新台幣 3,680 億元，該行動不僅讓中國進一步部署雷達與飛彈，然而其最終目標乃為建立防空識別區（ADIZ）鋪路，中國 2015 年 4 月向俄羅斯購得最新型 S-400 型防空飛彈，其有效射程高達 400 公里，已涵蓋全台灣所有空域嚴重衝擊我空防安全。日本內閣曾於 2015 年 7 月 21 日所通過之「防衛白皮書」亦指出，中國軍力快速增強已非昔日吳下之阿蒙，導致台海兩岸軍力嚴重失衡且呈現不對稱情勢，正朝中國有利方向傾斜，台灣似缺乏有效因應手段，今後中國在東海與南海之活動恐將引發不可測之危險行為。台灣國防部 2015 年 8 月向立法院提出「中國軍力報告」，該報告內容研判中國能犯台之七項時機包括：（1）台灣宣布獨立；（2）台灣明確朝向獨立；（3）台灣內部動盪不安；（4）台灣獲得核子武器；（5）海峽兩岸和平統一對話之延遲；（6）外國勢力介入台灣島內事務以

及；（7）外國兵力進駐台灣。該報告亦指出中國目前有 1,500 餘枚短程彈道飛彈或巡弋飛彈瞄準台灣，各種情報足以顯示中國至今仍不放棄「以武促統」與「武力犯台」之思維，儘管中國 2015 年 9 月 3 日舉行大規模「抗日勝利 70 週年大閱兵」，習近平在場宣布將裁軍 30 萬人，惟中國解放軍仍保留 200 萬人之勢力，今後所採取之精兵政策仍對東亞地區造成極大威脅。長期擔任美國政府中國政策顧問之美國哈德遜研究所中國戰略中心主任白邦瑞（Michael Pillsbury）2015 年 2 月 3 日在華府出版新書《2049 百年馬拉松：中國將取代美國成為全球超強之祕密戰略》（The hundred-year marathon: China's secret strategy to replace America as the global superpower），他指出宣稱所謂和平崛起之中國，其實一直運用欺騙策略，利用美國科技與財力以壯大自己，企圖以不費一兵一卒之策略取代美國成為世界霸權，並擬於 2049 年以前中國建國百年時併吞台灣實現「中國夢」完成統一，綜觀其論點似有斷章取義與誇大其實之嫌，美國軍方則指出中國國防之弱點厥在於中國軍隊已經數十年缺乏實戰經驗，且其軍事訓練內容亦脫離現實，然而對台灣而言，吾人仍必須持以「勿恃敵之不來，恃吾有以待之」憂患意識方為上策。

10. 中國對台外交軟硬兼施逐步進逼迄今仍未鬆手，今後我欲重返聯合國或其他重要國際組織恐難以順遂。

當前國際現實主義（realpolitik）盛行與世界各國深受傳統國際法「主權」與「承認」之觀念以及「一個中國」之束縛，加諸台灣新政府甫上台，中國有鑒於民進黨不接受九二共識，因而中國對台政策充斥諸多不確定因素，今後將不斷緊縮對台之國際空間。例如：2015 年 3 月底台灣申請加入由中國所倡議之亞投行希望成為創始成員國，中國則視亞投行係政府間之國際多邊開發機

構，其章程係國際條約，中國始終認定台灣並非為一主權國家因而婉拒台灣之申請。依據國際法即使非主權國家之政治實體均有資格簽署有關經濟文化類之條約，台灣加入亞投行絕無任何法律障礙，然而北京片面拒絕台灣成為亞投行創始國之立場迄今未變，足以顯示中國「去中華民國化」之基本態度，吾人必須正視此一嚴肅問題。依據陸委會前主委夏立言 2015 年 4 月 20 日接受立法院質詢時證實台灣申請亞投行創始會員國未果，其主因乃在於中國主觀認定台灣並非為主權獨立國家所致，我行政院 2015 年 6 月 3 日曾表示，台灣以亞銀會員國身分申請加入亞投行，惟名稱必須為我國可接受，我絕不接受「中國台北」，至於「中華台北」之名稱乃我底線，至於章程中有關主權條款與台灣無涉我絕不會考慮。

11. 台灣內部政經情勢嚴峻，內鬥內耗過多人民望治心切，務應放棄藍綠政黨之惡鬥，重振經濟為民興利方為治國之最優先順序。

新加坡前總理李光耀先生經常在國會提醒其國人「吾人必須隨時深切體認新加坡社會本身之脆弱本質，從而知己知彼力求精進」，「絕不可自我感覺良好」，他堅信「只有那些不媚俗不討好且有遠見之人，方能最終獲得永遠之勝利」，台灣外交若欲有所突破，非但要瞭解上述國際情勢之發展趨勢與台灣所面臨之外在挑戰外，鑑於內政係外交之延伸，內政影響外交至鉅，兩者環環相扣互為因果，吾人亦須念茲在茲深切認識台灣本身內部之弱點與限制，2016 年 1 月蔡總統英文以 689 萬高票當選，民進黨已取得完全執政之優勢，當前民氣可用係推動國內政經改革最佳契機，新政府求新求變求穩，惟徒變不足以自行，尤須記取馬前總統在掌握人才、推動政策、溝通協調與聽取民意等方面所犯之嚴

重錯誤，以致造成國民黨分崩離析民調低落甚至失去政權，例如 2016 年 5 月 13 日 TVBS 所作民調顯示，馬施政 8 年之表現僅有 23%人民表示滿意，約 58%受訪者表示不滿意，因此新政府應權衡輕重有所警惕，若吾人客觀體察台灣目前之現況的確存有以下諸問題如次：兩岸關係進入「冷和期」甚至「冷對抗期」影響外資來台與兩岸經貿至鉅，國內經濟景氣仍處於停滯態勢，社會核心價值蕩然無存，鎖國思維猶存，國人內心充斥深沉之焦慮感與難抒心中之鬱悶、中產階級正在逐漸消失、政府施政空轉虛耗、財政虧空、執政黨面臨黨內獨派強硬勢力難以擺平、人才外流、稅制不公、失業問題嚴重（青年失業率高達 13%）、供電不穩定且缺水嚴重、貿易依賴中國過股、產業外移、企業紀律敗壞、食品食材安全、藥品安全、毒品氾濫吸毒人口暴增、物價與房價高漲、台灣薪資凍漲 17 年、人民生活痛苦指數升高、道德約束力與同理心日弱、詐騙集團揚名海外、軍中紀律敗壞、監獄人滿為患、社會安全體系崩解、治安惡化、人口老化（目前 65 歲以上老人已達 288 萬人占台灣整人口 14%）、少子化（台灣生育率全球排名最低，至 2060 年台灣人口將減少 547 萬人）、政治凌駕法律、政府政策反覆變動、國民年金亟於改革（2014 年全國公務人員佔總人口比例 3.87%，佔就業人口比例 8.13%）惟切勿造成軍公教與勞工階級或世代間之對立與誤解、12 年國教失當、政府體制權責不符、立法院表現效率不彰、朝野仍汲汲於爭論虛幻之國家認同問題、貧富差距約 99 倍呈現兩極化之 M 型現象日益嚴重（根據倫敦政經學院 2015 年全球貧富差距報告，10%之人佔有台灣全部 62%財富）、落實轉型正義之過程中新政府放棄正當法律程序原則於不顧、濫用新聞自由、教育規劃與社會需求嚴重脫節、民粹主義橫行不問是非、生態環境汙染飽受摧殘、濫砍濫伐、

司法不公且改革牛步引起全國各界撻伐、公權力低落、政務官言行不一且推動政策荒腔走板、國會監督制衡不復存在、國家發展陷入泥沼，以及產業界面臨缺水缺電缺地缺資金缺人才等「五缺」困境，若吾人觀察聯合報 2016 年 3 月 21 日所公布之民調顯示，86%民眾認為有「台灣被卡住」與「國家停滯不前」之感覺著實令人堪憂，在在充分顯現台灣社會內部之脆弱性（vulnerability）與挑戰性，前行政院政務委員現任台大社會系教授薛承泰 2015 年 9 月 2 日在國民黨中常會報告「台灣未來十年無法迴避之問題」，他指出台灣面臨「競爭力衰退」、「人口快速老化」、「三分之一大學不知何去何從」以及「國民年金財務危機」等四大危機，因此台灣不能在內鬥中持續衰落沉淪下去，當前台灣最迫切之挑戰厥在於財經問題與兩岸關係之改善，凡我國人應擺脫「白吃午餐」一切靠政府（from cradle to grave）協助之依賴心態，面對國內外不可測之未來一切需靠自己之志氣與努力，持以高度之憂患意識並勇於面對現實，不分彼此團結合作化危機為轉機力挽狂瀾。

第二章

從 SWOT 分析法審視台灣在全球所扮演之角色

就社會科學方法論而言，SWOT 分析法係研究政府競爭力或公共政策之優點、缺點、機會與威脅四大層面較平衡理性客觀之方法。

　　美國哈佛大學商學院教授亦係知名全球競爭力大師麥克波特（Michael Porter） 2015 年 6 月曾來台訪問，並就「如何提升台灣競爭力」提供我政府建言書，他指出台灣擁有許多優勢，諸如位於東亞開啟中國之關鍵位置、民主自由體制、靈活之中小企業、一流技術人才與科技產業，惟台灣之弱點則包括缺乏有效率之經營環境、外人投資不振、婦女參與率偏低、國際地位不斷下降以及社會所需之專業人才不足等，最後他表示台灣係一個菁英國家（elite country），台灣須建立自信心並「抬高標竿」（raise the bar）則前途無限。若吾人以 SWOT 分析法加以觀察似可以不同層面評估台灣在全球所扮演之角色如次。

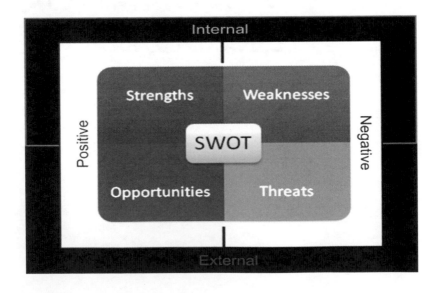

第一節　台灣之競爭優勢

台灣優越之戰略地位

　　台灣位居東亞第一島鏈之關鍵位置扼守台灣海峽，一向被美國視為西太平洋上「永不沉沒之航空母艦」（unsinkable aircraft carrier），系東北亞與東南亞交流必經途徑，平均每天約有 750 艘油輪或貨輪經過台灣海峽，無論在冷戰時期或當前之地緣政治（geopolitical position），台灣戰略地位乃兵家必爭之地，深受美國、俄國、日本與中國等國之高度重視，尤其 2011 年 11 月 17 日美國總統歐巴馬對澳洲國會發表演說，正式闡明美國重返亞洲之再平衡政策，強調美國將在亞洲投入更多之外交，經貿與軍事方面之關注以確保美國在亞洲之領導地位。美國國防部助理部長李柏特（Mark Lippert）曾於 2013 年 3 月 1 日強調台灣應在該全球戰略中融入一體並扮演其適當角色。美國前國務卿希拉蕊（Hillary Clinton）亦曾在 2011 年 11 月 10 日的夏威夷大學發表演說時表示台灣係美國重要之經濟與安全夥伴。美國戰略暨國際研究中心（CSIS）研究員林舟（Joseph Bosco）2015 年 5 月 15 日在《外交家》（The Diplomat）雜誌發文指出，台灣之戰略地位得天獨厚舉足輕重，在二次大戰期間美國國務院曾指出，在亞太地區除新加坡外，台灣之優越地理位置位居關鍵樞紐地位，若中國有朝一日控制台灣，將有利於中國在東海與南海之策略得逞，並嚴重威脅菲律賓・越南・馬來西亞與汶萊等亞太國家安全，因此美國應改變對台灣「戰略模糊」之政策，公開勇

於承諾防衛台灣之強烈決心，以免該地區其他國家對美國政策產生疑慮與不安。2016 年 9 月 25 日瑞士信貸集團（Credit Suisse）公布全球軍力報告，台灣位居全球第 13 名（美、俄、中國、日本與印度則依序為前五名），且台灣係世界武器進口國之第 5 名。

台灣之經貿實力

2014 年台灣經濟成長率為 3.74%居亞洲四小龍之首，2016 年國內生產毛額（GDP）或將下修至 1%，2016 年 8 月底台灣失業率約為 4.08%（失業人口總數約為 46.5 萬人，其中青年失業率約 13%），物價則維持在 1.2%係四小龍第二低，2016 年 12 月底台灣外匯存底高達$4,342 億美元位居世界第 4 名（僅次於中國、日本、沙烏地阿拉伯），目前係世界五個無外債國之一，2016 年國民所得約為美金 2 萬 2,598 元，按 IMF 之排名台灣位居第 36 名，按瑞士洛桑管理學院（IMD）2016 年 5 月 30 日所公布之「2016 年世界競爭力年報」與世界經濟論壇（WEF）2016 年 9 月 28 日所公布之「年度競爭力報告」，台灣之競爭力均排名全球第 14 名（亞太國家之第 3 名），台灣 GDP 高居全球第 25 名（約$6,900 億美元）。按美國 2015 年 GDP 高達 17.9 兆美元，惟其國家負債已達 19.8 兆美元，至於 2015 年台灣進出口貿易總額約 6,000 億美元係全球第 18 大外貿國而且係全球第 19 大經濟體，其中台灣中小企業之發展占全體企業之 97%，就業人口佔全國就業人口之 78%，其活動力深具彈性與韌性，貢獻台灣經濟成長之 80%，2015 年美國傳統基金會發表全球經濟自由度調查，台灣位居全球第 14 名。「美國全球金融雜誌」2015 年 8 月公布全球最富裕 23 國榜單台灣排名第 17 名。國際貨幣基金（IMF）2015

年 6 月曾發表研究報告分析 1970 年至 2010 年間，全球 167 個樣本經濟體，僅有台灣與南韓等 9 個經濟體成功在 40 年內躍升為高所得國家，堪稱世界上之經濟奇蹟，其成功之主因乃在於台灣不斷改善生產力，促進創新，技術升級與發展高科技製造業在全球具有競爭優勢，同時台灣水價全球最低，油電價格向以非產油國最低傲視全球。

台灣之民主化

依據 2015 年英國經濟學人（Economist）之報告，台灣民主多元化、重視人權、選舉制度與公民社會之素質在全球 167 個國家排名 31 名（中國排名 136 名）。同時據美國「自由之家」2014 年 5 月 1 日發布年度全球新聞自由報告，在全球 197 個國家日本排名第 42 名台灣第 48 名，而新加坡則位居第 152 名，中國第 183 名，新加坡與中國均列屬「完全不自由」之國家，2015 年 6 月 22 日歐盟公布 2014 年「國際人權報告」指出，台灣人權與民主之表現符合國際標準，惟向台灣重申一貫之廢除死刑立場，美國國務院亦於 2015 年 6 月 25 日公布「2014 年各國人權報告」指出，台灣從中央到地方之選舉均能公正自由地進行，具有相當程度之可信度與透明度，美國傳統基金會所發表「2014 年亞洲情勢報告」（2014 Asia update: what is at stake for Amercia），該報告亦指出台灣係亞洲政治自由度最高國之一，且為最具活力之民主政體，甚至美國《時代雜誌》（Time）2015 年 6 月 19 日亞洲版封面專題報導民進黨主席蔡英文若當選台灣 2016 年總統大選或將係亞洲唯一華人民主政體之領導人，且會令北京緊張（She could lead the only Chinese democracy. And that makes

Beijing nervous）。美國國務卿凱瑞（John Kerry）2015 年 2 月 15
日曾向國會表示台灣係美國重要安全與經貿夥伴，且為全球價值
鏈之重要國家與多元活耀之民主政體，美國國務院亞太事務助理
國務卿羅素（Daniel Russel）2016 年 4 月 22 日在南加大發表演
說亦稱，美國政府支持台灣之民主與普世人權價值，台灣將係美
國亞太再平衡政策之重要一環，2016 年 9 月 28 日羅素復在眾院
聽證會表示，台灣係東亞非常重要之民主體，亦係其他國家極佳
之模範，同時台灣在安全與人道援助以及區域經濟貢獻良多，深
令美國激賞。

台灣教育普及

　　台灣教育經費約佔 GDP 之 6%，遠較德國與日本為高，今後
除全力推動十二年國教外，應持續提升當前台灣現有 162 所大專
院校之素質，台灣高等教育係亞洲最普及之國家，大學密度高居
全球，惟台灣仍須努力進行教育改革並加強技職教育以應未來經
濟發展之所需。

台灣全民健保

　　自 1995 年起台灣施行全民健保，其旨在提升國民健康，減
少貧富健康差距，實施以來目前包括旅居台灣之外籍學生、勞工
與工作人員，全國平均約有 99% 人民受惠，政府財務負擔甚為沉
重，全民健保之開支每年約為新台幣 9,627 億元約佔台灣 GDP
之 6.5%，然而政府仍積極執行之魄力乃全球各國所罕見。

台灣軟實力雄厚

美國哈佛大學甘迺迪政府學院教授 Joseph Nye 早於 2004 年在其名著《國際政治成功之手段：軟實力》(soft power: The means to success in world politics) 首先提出此一概念，強調一個國家除有軍事與經濟等硬實力 (hard power) 外，尚有一股強而有力之軟實力 (soft power) 足以傲人，它可以超越時空，產生巨大直接或間接影響力，舉凡台灣之民主、文化、公共衛生、觀光、價值觀、意識形態與美食等均為令人稱羨之軟實力，例如 2013 年 2 月 25 日美國第 85 屆奧斯卡頒獎，李安拍攝之影片《少年 PI 的奇幻漂流》與《斷背山》兩度榮獲最佳導演獎，2015 年 5 月 25 日坎城影展侯孝賢亦在《聶隱娘》一片獲得最佳導演獎深獲世界之矚目。英國演藝學院 (BAFTA) 2016 年 4 月 5 日宣布本年大不列顛之卓越導演獎頒給李安以表彰其非凡表現。

台灣基本面佳

台北美國商會 2016 年 6 月所公布之「2016 年台灣白皮書」顯示台灣基本面包括基礎建設、勞動力整體水準、高科技、管理人才、製造技術與科技能力以及法治均有相當優勢，絕不可妄自菲薄，惟台灣仍宜進一步加強物聯網與大數據相關產業之發展。

第二節　全球競爭所面臨之困難

資源缺乏

　　台灣非但國內內需市場狹小而且天然資源匱乏僅有少量之煤、天然氣、大理石與石棉等礦產，98%資源均仰賴進口，台灣能源自給率僅有 0.61%，同時台灣係一小規模經濟體，外貿依存性高易受國際政經情勢之牽動，因此台灣務須吸取日本、英國與新加坡等島國之發展經驗，突破島國之侷限絕不可閉關鎖國。

天然災害之威脅

　　根據世界銀行 2012 年之報告，台灣係全球十大易受天然災害重創國之一，例如自 1970 年至 2009 年台灣在 39 年間受到 198個颱風侵襲，而且地震發生頻仍，是種天然災害對台灣之威脅將永遠存在且無法避免。2015 年 3 月國際風險分析機構 Verisk Maplecroft 發表研究報告與美國標準普爾（Standard and poor's）2015 年 9 月 14 日所公布之報告均指出台灣、香港、智利、祕魯、日本與菲律賓係全球十大最容易遭遇天災之國家或地區。根據聯合國之數據，1970 年至 2013 年天災對全球造成之經濟損失超過2.8 兆美元，其中亞太地區就佔 1.15 兆美元，然而台灣卻對搶救天然災害之法規、訓練、規劃、統合與執行等方面卻過於鬆散不足以應付緊急救災。

能源短缺之顧慮

　　台灣長期以來基於經濟發展與核能安全之雙重考量與權衡，台灣能源政策迄今仍非常不確定，惟據美國《華爾街日報》2015 年 7 月 22 日報導稱，台灣係東亞唯一準備放棄核電之國家，台灣若選擇非核家園路線，勢將升高對進口能源之需求，台灣或更易受到中國未來潛在要脅。例如：2015 年台灣自中東沙烏地阿拉伯、科威特、阿聯、伊朗、伊拉克與阿曼等 6 個國家共進口 2 億 3,294 萬桶石油，基本而言，台灣能源需求之比重 50%靠石油與天然氣，26.95%靠煤 16.04%靠核能及 6%靠水力發電與再生能源，足見台灣對進口石油與煤等能源之仰賴甚殷。目前全球尚有 41 個發展核電之國家，即使甫遭福島核電廠災變之日本，首相安倍晉三為振興經濟與穩定供電曾強調日本無法廢棄核電，「減核不廢核」仍為日本當前基本能源政策，2011 年 3 月 11 日之福島地震海嘯後，日本為加強核電安全檢查，2013 年 9 月起日本全部 48 座核子反應爐全部暫時關閉。核能發電原佔日本電力之 26%，核電廠關閉後迫使日本大量進口天然氣與煤，徒增碳排放量大增電價亦上漲兩成，日本乃於 2015 年 8 月 11 日恢復九州鹿兒島川內達致安全標準之核能廠，日本執行約兩年「零核電」時期終告結束。就日本案例觀察台灣未來電力發展問題，台灣自 1978 年開始興建之核四耗費新台幣 2,838 億元迄今歷經 38 年，且業已完工 90%，惟在民意壓力下爰於 2015 年 7 月 1 日正式停工封存為期三年，預期在 2018 年至 2025 年間陸續再將核一到核三均分別除役，台灣電力屆時將面臨電力供應不足之風險或將嚴重傷害經濟。2025 年非核家園雖然係台灣之長遠目標，惟目前台灣再生能

源（renewable energy）之發電所占比率僅約 3.01%似屬偏低，今後絕非台電能一肩承擔，有賴政府全面針對台灣電力之供需調整其發電結構，採多管齊下方式方能予以因應。

朝野兩黨對台灣國家整體長期政治目標尚乏具體可行之共識

　　台灣長久以來朝野對立統獨之爭不斷，「統一」係高難度之遠程議題，「台獨」乃一不可能之任務，美國政府 2016 年 5 月 13 日公開對外強調「不支持台獨」（does not support Taiwan independence），此乃自 2007 年以來美國在 9 年內首次公開表明該立場或係給台灣新政府之警告，台灣人民應認清此一現實，國民黨「政策綱領研修小組」2015 年 6 月已完成修改草案，在兩岸政策方面明確將「鞏固九二共識」納入國民黨黨綱，2016 年 9 月中國國民黨通過新版政策綱領，改變以往「九二共識，一中各表」，只提「在中華民國憲法之基礎上，深化九二共識」，惟當前新執政之民進黨卻全面否認自 2000 年 4 月兩岸所定調之「九二共識」，其內部立場莫測高深頻有路線之爭，似存有 16 種論述諸如「台灣地位未定說」、「台灣尋求獨立說」、「中華民國係流亡政府說」、「中華民國政府係外來政權說」、「一邊一國說」、「美國在台軍事政府說」「台灣即中華民國說」、「中華民國憲政體制說」、「維持現狀說」、「天然獨說」、「文化台獨說」、「凍獨說」、「台獨無市場說」、「放棄法理獨立說」、「全面廢除九二共識說」以及「尊重九二會談之歷史事實說」等論述未來發展變幻變測何去何從充滿變數殊難定論。就事實而論，「九二共識」乃係國共私自授受之決定，就歷史層面以觀，早於 1992 年 10 月兩岸在香港會談，

台灣不同意陸方所提之「一個中國原則」，九二會談因而破局根本沒共識，俟 1992 年 11 月初陸方經審慎考慮後來電告知台灣願意接受台灣方面之提案，11 月 16 日復正式來函對台灣方面建議表示「尊重並接受」，而台灣方面表述之關鍵字句係「雙方雖均堅持一個中國的原則，惟對於一個中國涵義，認知各有不同」，因此歸納為「一個中國，各自表述」或「一個中國，各說各話」，雙方可各自找到下台階擱置爭議，在此基礎上雙方終於安排成1993 年新加坡「辜汪會談」，2000 年 4 月陸委會前主委蘇起鑒於民進黨即將執政，乃建議使用模糊之「九二共識」以描述台海兩岸 1992 年雙方所達致之諒解，此乃「九二共識」之緣起，當前北京認為九二共識係兩岸對一個中國之共識，台灣則認為九二共識係「一個中國，各自表述」，兩岸間形同各說各話並存有模糊性之政治諒解，惟亦產生建設性之作用，即所謂之建設性模糊（constructive ambiguity），過去 8 年來兩岸關係因而朝制度化方向發展，台海不再係東亞衝突之熱點，蔡總統雖正在努力尋求九二共識之替代方案，願能維持現狀又能滿足各方需求，然而這係非常困難之嘗試，在兩岸互信不足情況下，任何變動可能引起對方疑慮，因此兩岸保持現狀維持九二共識似仍為當前朝野最大公約數，據聯合報 2016 年 4 月 10 日之民調顯示，約有 46% 人民主張永遠維持現狀，僅有 19% 支持獨立與 12% 傾向統一，惟現狀不可能永遠停滯不變國人仍務應未雨綢繆。據香港 2014 年 6 月民調顯示，香港自 1997 年回歸中國迄今 19 年，然而「一國兩制」似已名存實亡，香港人對「一國兩制」之信任度幾乎歸零，此現象對台灣而言誠為一大警惕。近 20 年來台灣民主化似有走向民粹化之傾向，公權力亦逐步失去社會信任，2014 年反服貿學運後更加劇台灣社會之失序現象，殊為一大隱憂。此外，據《天下雜

誌》2017年1月2日曾公布2017年國情報告顯示,台灣民眾74.8%表示對未來經濟甚為不確定,高達54.2%對台灣發展持悲觀態度,對兩岸關係2017年知展望約有40.6%認為會變壞,至於台海兩岸關係絕大多數仍主張維持現狀。

經貿嚴重依賴中國市場益增台灣經濟發展之脆弱面

自2004年迄今中國係台灣最大之貿易夥伴,約有130萬人旅居中國,2015年依據中國官方統計2014年兩岸經貿往來共1,745億美元,台灣出超達749億美元,其中台灣出口至中國(包括香港)之總額為1,130億美元,佔台灣總出口額約40%,顯見台灣外貿過度依賴中國,出口高度集中中國市場,台灣直接與間接在中國之投資額業已超過1,682億美元,佔台灣整體對外投資額63%,反觀中國在台灣之總投資額截至2015年10月僅不過美金7億2,000萬美元,上述依賴關係涉及台灣大量投資、技術與人才湧向中國,此凸顯台灣經濟之脆弱性恐在短期內難以有效改善,因此企業界常言「中國經濟打噴嚏,台灣隨即感冒」,反觀台灣對美國出口依存度逐漸降至10%,因此美國前國務卿希拉蕊曾於2014年接受台灣《商業週刊》訪問時警告若台灣依賴中國過深,台灣將會更形脆弱並提醒台灣與中國相處時務須謹慎。兩岸產業已從以往垂直分工演變為目前之水平競爭,台灣近年來對中國出口業已趨緩,尤其面板、太陽能、LED與DRAM等四大產業,在中國低價競爭之紅海策略或由中國政府資金所支持之紅色供應鏈,致使兩岸產業競爭加劇,帶給台灣極大威脅或排擠效應,2016年5月以來中國限縮陸客來台與各項民間交流高達35%左右影響台灣內需市場與觀光業甚鉅,充分顯示台灣已深陷中國

「口袋戰略」之困境，台灣須深刻瞭解中國政府及其廠商一向為達目的不擇手段並將台商視為其假想敵，尤其有鑒於國際景氣正在負面變動，中國 2016 年經濟成長率恐將下降至 6.5% 左右，紅色供應鏈出口價格競爭力恐愈加兇猛，加諸中國貿易型態與結構亦正逢轉型，對台灣之後續影響不容忽視，今後必須重視產業動態演變之大環境並注重新產業轉型升級之機會，政府絕不能置身事外，理應掌握當前擺脫依賴中國之良機，分散台灣國際貿易之市場，不能把所有的雞蛋放在一個籃子裡（Do not put all your eggs in one basket.），進而協助台灣產業漸能塑造其獨特性與差異性，從而建立全球供應鏈中具有不可取代之地位。

政府稅賦改革刻不容緩

台灣政府 2014 年之租稅僅佔 GDP 之 12% 係全世界第 6 低，且政府支出僅佔 GDP 比例之 16%，事實上政府稅收主要靠薪資階層之個人所得稅，資本家所繳之稅卻非常有限，違反租稅公平原則並造成所得分配惡化，根據台灣綜所稅申報資料顯示，薪資所得佔綜合所得稅總額達 75.97%，財產交易所得僅佔 0.31%，國內受薪階級已成為繳稅主力，反觀台灣消費稅中之營業稅目前稅率僅 5%，今後新政府對遺贈稅與營業稅均應合理漸進調高，尤其年金改革勢須劍及履及，希臘債務危機殷鑑不遠，同時全國各縣市財政紀律蕩然無存係舉國必須正視。近年來台灣吸引外資之誘因與能力明顯較鄰近亞太國家落後，以致嚴重動搖台灣以往在亞太供應鏈之地位，加諸台灣社會普遍反商情結致使產業發展受到限制，勞動市場亦無法配合產業結構之變化，國營事業長期虧損、水資源管理欠佳以及資訊技能甚至基礎建設等均有待加強，

今後政府應實施擴張型之財務政策，優先將預算用於國內公共建設，政府絕不能逃避現實僅坐而談必須起而行。

資金與人才外流問題日趨嚴重

目前台灣經濟正面臨極嚴重之問題即：出口不振、投資不利、信心不足、人才外流與低通膨惡性循環現象。截至 2015 年 5 月在過去 19 季台灣資金流出約 1,878 億美元（約 5.8 兆台幣）似可說明投資者對台灣政府投下不信任票，2015 年 6 月 10 日中華經濟研究院副院長王健全指出，2013 年台灣吸引外資總額僅 37 億美元，2015 年下降至 24 億美元，創下 4 年來之新低，係南韓三分之一與新加坡五分之一居四小龍之末，台經院景氣預測中心主任孫明德亦表示，2015 年洛桑管理學院（IMD）曾指出外人在台直接投資額，台灣在全球 61 個國家中僅排名在第 45 名，依據世界經濟論壇（WEF）2016 年 10 月份報告，台灣在外人投資方面降至世界第 87 名，其主因乃在於台灣法令不明確，且充滿政治色彩與人治，其投資環境日益惡化，至於對外投資總金額則排名第 20 名，此可顯示台灣不但吸引不到外人投資，本國資金卻一直外流，整體投資環境不斷下沉，無法創造新產業與新工作機會，加上創新不足，更壓抑受薪階級之薪資成長，究其主客觀原因乃在於台灣政府缺乏產業戰略，特別在面臨中國企業不斷崛起之際，台灣不但國內市場狹小無主場優勢，而且對國內若干具有國際品牌之企業，諸如宏碁與宏達電，任憑其不斷衰退造成國家經濟力之傷害，亦未見政府勇於及時提出助力，加諸國內環保意識高漲，又面臨勞動力不足，加上缺水缺地與缺電等原因均為外來投資前來台灣之障礙，台塑集團總裁王文淵曾表示，未來三年

該集團計畫投資海外 150 億美元，過去台塑在台投資比重高達75%，未來三年將下降至 20%，投資重心被迫轉向國外發展。鑒於台灣政府之財政資源與發展機會正日益下降，有關法令僵化非但無法有效吸引國際跨國人才來台工作，甚至台灣每年經濟與技術移民外流高達兩萬人，據國發會 2016 年 12 月 29 日指出，台灣人才外流迄今已高達 50 萬至 100 萬人，外流至中國之科技人員最為嚴重，導致楚材晉用敵益強而我益弱之態勢，上述台灣人才、資本與技術之流失危機新政府殊應正視，同時政府應增加研發預算，目前台灣每年研發預算僅占 GDP2.98%，遠低於南韓之3.74%。全球競爭力大師麥克波特爰建議台灣今後靠創新拓展市場、靠增加產品價值提高利潤、靠開發吸引人才、靠改革增加行政效率以及靠年輕一代之奮鬥創造未來。台灣全國工業總會 2016年 7 月 19 日發表「2016 年工總白皮書」，亦指出新政府成立以來，兩岸關係停滯，目前台灣企業正面臨內憂外患充滿諸多不確定性，投資環境惡化有增無減，勞資更形對立惡化，無人能告訴產業界該何去何從，加上能源政策不明，台灣似越來越向社會主義靠攏，在公平正義之大前提大家僅強調分配卻無人在意生產，因而建議政府提出之具體之產業發展規劃目標與人才培育計畫，採取擴張性財務政策以及拿出改善投資環境之行動方案與時間表。此外，目前台灣人口出生率係世界倒數第一，對經濟長期發展殊屬不利。

東亞經濟整合問題

台灣雖曾分別與紐西蘭與新加坡等非邦交國簽署經濟協定，惟均係他們先在獲得中國之首肯（political green light）之後

方有所進展，今後受限於政治與外交因素，台灣甚難在未來數年內參與 RCEP 或 TPP，致使我國廠商處於競爭劣勢，未來台灣之外貿整體出口恐將受挫，按 2015 年台灣出口 FTA 覆蓋率僅 9.68%，日本為 71%，韓國 83%，新加坡亦高達 87%，在在顯示台灣經濟已被邊緣化，因此加入區域經濟整合確有其急迫性，然而台灣遭邊緣化亦凸顯台灣外交弱勢所致，此恐亦係中國所樂見。此外，美國川普執政後，由於貿易保護主義蔓延與美國將大幅抑制中國進口，在在促使台灣經貿處境孤立誠對台灣經濟不利。

台灣所推動之募兵制成效不彰且國防預算逐年降低自廢武功

　　國防部原擬於 2016 年推動全募兵制，惟由於制度設計不周延與思慮不足、少子化與財政困難等諸因素以致成效不佳，不得不於 2015 年 8 月第二度跳票被迫再延一年，2016 年 4 月 21 日行政院再修改有關規定，將募兵契約 4 年改為 1 年形同第三度跳票，是種炒短線作法專家批評治標不治本形同否認以往主張，且造成戰力空洞化。馬前總統競選政見承諾我國防預算不能低於 GDP 之 3%，2016 年國防預算約 NT$ 4,000 億僅占台灣 GDP2.11% 似明顯不足，鑒於中國未曾放棄武力犯台之威脅，多年來中國不斷擴軍造成海峽兩岸軍力嚴重失衡，中國國防預算已係台灣之 14 倍，台灣國防預算反而逐年下降殊屬欠當，美國國防部主管東亞事務之副助理部長鄧克強（Abraham Denmark） 2016 年 5 月 13 日公開表示，為拉近兩岸軍力之不平衡，台灣的確需要增加軍費開支，甚至批評台灣之國防預算跟不上中國威脅發展之速度，美

國川普總統（Donald Trump）曾表示，拒絕其他國家佔美國便宜，倘台灣不自行加強本身防禦能力，台美關係必將漸行漸遠，同時美國前駐聯合國副代表奧布萊恩（Robert Obrien）2016 年 6 月 7 日曾在《國家利益》刊物發表評論，歐巴馬政府避戰心態非常明顯，他對台灣國防支出尚不及 GDP3% 深難以理解。今後台灣面對中國對我之安全威脅，務須建立一有效嚇阻之力量，這些發展均須透過自製與外購，尤其「國機國造」與「國艦國造」之軍需工業所需經費相當浩繁我國防預算勢須提高俾資因應，所幸民進黨「國防政策藍皮書」主張國防預算須提升至 GDP 3% 以上，並全力推動「國防自主」。此外，2013 年 7 月陸軍下士洪仲丘虐死案、2015 年 3 月 29 日藝人李蒨蓉登上陸軍阿帕契直升機風波案、2015 年 6 月國軍雲豹甲車採購弊案、2016 年 3 月憲兵違法搜索事件以及 2016 年 7 月 1 日雄三飛彈誤射案，均引起社會軒然大波，在在暴露出軍中人權、風紀、內部管理與危機處理訓練甚至軍中士氣低落等諸問題殊有待改進。

第三節　台灣之機會所在

兩岸關係須不斷力求改善

　　基於戰略與經濟利益之考量，近年來中國已從世界工廠轉變成世界市場，台商在中國發展相對有助於台灣之產業，因此政府

對於中國情勢高度重視，例如：中國每五年一度之全國人大會議與全國政協會議業分別於 2016 年 3 月中旬閉幕，在兩岸關係方面中國強調將全面加強與台灣各界之交往、對話與合作，我陸委會歷年來進行多次民調，其結果顯示支持兩岸制度性協商之台灣人民平均超過 70%，並有 60%到 65%人民支持以九二共識為兩岸協商基礎，此乃我民意之所在。

經貿實力將得以發揮

展望 2016 年全球經濟仍難走出谷底，景氣復甦或將和緩發展，台灣面臨挑戰仍相當嚴峻，加強提升本身之競爭力方為要務，尤其台灣務應把握今後與美國共同舉行「貿易暨投資架構協定」（TIFA）會議並充分準備早日加入 TPP 第二輪談判事宜。

台日漁業談判在漁權方面獲重大突破

台日兩國歷經 17 年之漁業談判，2013 年 4 月 10 日終於簽署台日漁業協議和平解決兩國爭端，而且台灣漁民在釣魚台附近之作業面積增加 7 萬 4,000 平方公里，日本公務船不得在協議適用海域干擾台灣漁船，從此有效減少兩國間之漁業爭端，該協議第 4 條訂定「維權（disclaimer）條款」，確認該協議各項規定不得損及中華民國主權，日本放棄國際公法上所定「專屬經濟海域」之堅持並對我有所讓步。

援外工作之推動

我政府秉持「目的正當、過程合法、執行有效」之援外三原則以及「2005 年巴黎援助成效宣言」之理念,每年在亞太、中東、非洲、加勒比海及南美洲地區花費約新台幣 100 億元與友邦進行農藝、漁業、交通、醫療及投資等領域之合作計畫,其旨在嘉惠友邦人民並鞏固邦誼。

國際形象之塑造

馬前總統常以「堆積木」(building block)來形容台灣對外關係之累積,蓋因外交工作需長期默默耕耘一點一滴之努力,多年來台灣不斷善用我軟實力優勢促進國際社會重視台灣所扮演「負責任之利害關係者」及「和平締造者」之角色。

台紐與台星關係之提升

台灣 2013 年 11 月 7 日與新加坡,2014 年 7 月 10 日與紐西蘭分別簽署經濟合作協議(ECA),此係台灣與已開發國家及非邦交國家首次簽署之經濟合作協議殊具示範作用,另台灣與中南美五個邦交國簽署自由貿易協定,惟其貿易量低於台灣對外貿易總額 5%,似乎象徵意義大於實質。

第四節　台灣當前之威脅

外交孤立持續存在

全球 196 國家（聯合國會員國計 193 個）中，在中國打壓下，目前僅有 22 國與我國維持外交關係，其孤立情形舉世無雙，造成台灣之國力無法如同一般正常國家在國際舞台完全充分發揮，就宛若美國學者亦即美國政府東亞安全事務顧問任雪麗（Shelly Rigger）所稱「台灣宛若鳥籠中之金絲雀沒有太多選擇，更無法展翅高飛」，鑒於中國面積係台灣之 265 倍，人口係 58 倍，兩岸無論經濟,軍事與戰略等方面之國力呈現極大之差距，在現實國際政治下，未來台灣外交關係之開展殊屬艱辛。

中國對台軍事威脅日增

中國迄今仍持續針對台灣部署彈道東風 21 型中程飛彈、反艦飛彈及水雷等，目前約有 1,500 顆飛彈瞄準台灣，而且在政策方面中國從未放棄對台用武之可能性，因此台灣所處之安全環境殊屬嚴峻。美國國防部 2015 年 5 月 8 日曾公布年度中國軍力報告顯示，習近平上台以來，中國對台策略並未出現基本上變化，中國對台軍事部署似有顯著之升高，解放軍擬以武力嚇阻、延遲或阻絕第三方介入台海，迫使台灣放棄獨立，中國解放軍現擁有 1,700 架各型戰鬥機與 388 架轟炸機，反觀台灣分別僅有 400 架與 22 架，同時中國海軍擁有五艘核子動力潛艦與 53 艘柴油潛

艦，台灣僅有 4 艘非常舊式柴油潛艇，中國軍事裝備與數量均已大幅超過台灣，因此台灣對中國軍事犯台之野心永遠必須存有居安思危之憂患意識。

外銷拓展或將受到影響

2015 年我國進出口總額約 6,000 億美元，展望 2016 年國際經濟尚在緩慢復甦，出口形勢受限於歐債危機與希臘債務之衝擊，日本所進行之「安倍經濟學」效果甚為有限之影響以及台灣被東亞經濟整合孤立等外在因素，從全球市場宏觀角度以觀，台灣本年對外拓展貿易恐會受到許多限制難以突破。

保持現狀（status quo）充滿不確定因素

目前兩岸互信仍嚴重不足且雙方政治分歧仍然存在，當前兩岸關係充其量僅係「互不否認」之狀態，中國國家主席習近平 2015 年 4 月曾用「基礎不牢地動山搖」之強烈措辭警告台灣若否認九二共識，挑戰兩岸同屬一中之法理基礎，兩岸就不可能有和平發展，鑒於上述習近平之「預防性宣言」充分顯示兩岸未來關係面臨之挑戰日趨嚴峻，諸多不確定因素隱然存在，然而保持兩岸現狀無疑即馬前總統所主張「不獨不統不武」政策之體現，並須達致「台灣滿意、美國接受與中國容忍」之三大要件。民進黨 2015 年 4 月 9 日召開中國事務委員會第 2 次會議，蔡英文主席曾表示民進黨處理兩岸關係之基本原則就是維持兩岸現狀，蔡英文復於當年 4 月 15 日在其發表參選宣言中又提出兩岸「維持現狀說」，然而何謂現狀與如何維持現狀仍諱莫如深有待檢驗。就台灣之立

場而言，在正視中華民國存在之大前提下，先經後政與先易後難仍係我方未來發展兩岸關係之基本主軸，吾人必須瞭解兩岸互相猜忌仍深政治對話之時機尚未成熟，今後雙方討論之議題內涵包括結束敵對狀態、建立軍事互信機制與洽簽和平協議以及擴大台灣之國際空間等四大議題。以往國民黨之戰略採戰略模糊態度，用九二共識最模糊之語言處理兩岸問題，反觀執政之民進黨自2016 年 5 月 20 日起學習國民黨由原採戰略清晰之立場改變為模糊態度，強調兩岸關係絕不可以「國共關係」來經營，鑒於蔡總統兼民進黨主席英文在就職演說隻字未提「九二共識」且亦不明言放棄台獨主張，其論述變化多端立場搖擺不定，今後兩岸之衝突無法避免，兩岸似無法永遠保持現狀，蔡總統之兩岸政策能否讓華府與北京均放心殊令外界高度懷疑。反觀當前中國之現況似無任何跡象顯示中國共產黨將會積極進行民主改革，況且中國近年來民族主義、擴張主義與好戰情緒高漲等變數絕不容台灣人民掉以輕心。

第三章

台灣外交現況
與中國對台之策略

依據國際公法之規範，台灣係國際法之主體，亦即為國際法人（international person），完全符合 1933 年 12 月 26 日國際社會在烏拉圭首府蒙特維多所簽署之「蒙特維多國家權利義務公約」（Montevideo Convention on the rights and duties of states）第 1 條所列主權國家必須符合之四個要件，按該公約規定之內涵包括：「國家作為國際法人應具備下列資格：（a）固定之人口；（b）確定之領土；（c）政府；以及（d）有與他國交往之能力」（The state as a person of international law should possess the following qualifications: (a) a permanent population; (b) a defined territory; (c) a government; and (d) a capacity to enter into relations with other states），就中華民國而言，我國符合公約所列之要件為一主權獨立之國家殆無疑問，自 1912 年建國以來即國際法之主體與國際社會重要之一員，其國際人格從未喪失、中斷、停頓或消失，而且 1945 年中華民國係聯合國創始會員國，雖然 1971 年因國際政治之變遷暫時失去其代表權，惟正式國名中華民國（Republic of China）迄今仍分別留存於「聯合國憲章」第 23 條與第 110 條，且歷年來台灣均切實遵守聯合國憲章與聯合國大會所通過之決議案並竭盡所能貢獻己力在國際社會扮演極積極之角色。

第一節　當前台灣外交政策及其工作現況

我國外交政策之內涵及朝野所持之立場

依據憲法第 141 條之規定：「中華民國之外交，應本獨立自主之精神，平等互惠之原則，敦睦邦交，尊重條約及聯合國憲章，以保護僑民之權益，促進國際合作、提倡國際正義、確保世界和平」，此乃我外交政策之基本精神與原則，以爭取並維護國家最高利益。

台灣自 1996 年起迄今業已進行 6 次總統直選與 3 次政黨輪替，該期間政權和平轉移達成民主憲政改革之重要里程碑，獲得國際社會一致讚譽。綜觀當前國際情勢，「全球化」與「中國崛起」以及「國際金融危機」三大發展仍對既有國際秩序帶來極大衝擊，亦係目前我國對外關係所面臨之最大挑戰。

依據 2008 年之國民黨外交白皮書以觀，該白皮書論述在日益嚴峻之國際現實中，為能進一步實現「永續經營」之外交總體目標，吾人必須立足台灣、放眼天下，以「呼應國際上民主、人權、人道、互利、和平的主流價值」，「確立台灣自我定位、鞏固主權地位、加強實質參與之外交新思維」作為外交方針，同時在戰術方面推動兩岸外交休兵策略以減少中國之打壓，方能藉以爭取國際社會支持，拓展更大參與空間，引導國家與世界同步發展，追求我最高之國家利益，並彰顯我國作為一個主權國家應有之尊嚴。

馬前總統自 2008 年上任後在其任期 8 年所堅持之國家安全三個支柱，包括九二共識下和平兩岸、活路外交之友善國際與精

實自主之國防安全，惟自 2016 年 5 月 20 日蔡英文擔任新總統以來，上述外交政策以及策略業已完全丕變，蔡總統正積極推動「踏實外交」，即讓台灣走向世界，讓世界走進台灣，此乃即當前台灣外交工作之主軸。

綜觀蔡總統從 2015 年 6 月 6 日華府之行到 520 就職演說，她對外交政策迄今所發表之言論，則與馬前總統有所不同，主要論述似能歸納下列數點：建立「新亞洲價值」之典範、元首外交、與各國共同維持區域之和平穩定、與美日歐建構民主之價值同盟、主張和平解決衝突、遵守國際規範、加強與東協與印度關係即「新南向政策」、防制全球暖化、維護全球之經貿秩序、參與國際經貿合作與全球性合作之新議題等，惟蔡總統及其執政團隊絕口不再提外交休兵或活路外交甚至將兩岸關係納入「區域發展」之範疇，兩岸互動成為亞太安全之一環，然而台灣外交一向與兩岸關係連動密切，按目前兩岸關係質變必將導致中國未來將強力壓縮台灣外交空間。

1971 年 10 月 25 日第 26 屆聯合國大會曾以 76 票贊成 35 票反對與 17 票棄權通過由阿爾巴尼亞與阿爾及利亞等 23 國提案「恢復中華人民共和國在聯合國組織中的合法權利問題」即第 2758 號決議，聯合國大會承認中國係唯一合法代表，認定台灣為中華人民共和國之一部分（In the General Assembly Resolution 2758, the General Assembly decided to "recognize the representative of the People's Republic of China as the only legitimate representatives of China to the UN", In accordance to that Resolution, the UN considers Taiwan for all purposes to be an integral part of the People's Republic of China.）上述決議案中國不僅取得聯合國之代表權亦取得安理會常任理事國之地位，該決議並成為中國自 1971 年以來在國際社會據以孤立與排

斥台灣最重要之文件，因此北京今後接受「兩個中國」與「台灣獨立」之可能性幾希，至於兩岸統一之選項對台灣人民而言，其成功機率微乎其微，若台灣欲成為「中立國」之可行性亦甚低，未來台海兩岸可否持續保持現狀均有極大「變數」。

蔡英文總統在大選期間曾以民進黨總統參選人身分於 2015年 6 月 2 日以「台美關係更上層樓」(Taiwan can build on U.S ties)為題投書美國《華爾街日報》指出台灣外交努力方向包括：(1)擴大與美國多面向之合作（2）找出台灣可以參與並有利於國際社會之國際性計畫（3）透過貿易多元化保護台灣之經濟自主性（4）增進與中國有原則性之互動，此乃蔡總統首次對外提出之外交政策，惟其內容甚為空泛。

台灣推動活路外交與踏實外交之情形

依中華民國政府之觀點，自 2008 年馬前總統上任以「九二共識、一中各表」推動兩岸和解與活路外交以來，除甘比亞與中國建交外，其餘 22 個邦交國迄今仍與台灣維繫關係，台灣與友邦合作計畫大幅增加，與美國、日本、歐盟及東協間互信亦有所精進，免簽國擴大至 165 個國家以致中華民國護照之好用度已被國際列為第 25 名，該表現均為具體成效，惟以公共政策之層面以觀，活路外交充其量僅係短期之外交「策略」，該非兩廂情願之長期作法，即便雙方存有利益，亦存有盲點與限制，格局仍屬有限與「非常態」，該「活路外交」之免戰牌幾乎操之在他人之手，今後是否可持之久遠不無疑問，台海兩岸在外交方面之現況誠為國際關係所罕見之現象，2016 年 5 月 20 日蔡英文總統曾發表就職演說並積極推動「踏實外交」，惟該演說內容僅提到尊重九二會談之歷史事

實，並未提到「九二共識」與「一中原則」，中國中央台辦、國台辦當日下午隨即回應蔡總統之演說表示台灣新領導人仍採模糊態度，沒有明確承認「九二共識」和認同其核心意涵，此係「一份沒有完成之答卷」，2016 年 5 月 22 日國台辦與海協會，同步發布聲明，要求蔡英文政府確認「九二共識」藉以體現「一個中國」原則之政治基礎，從而確保兩岸關係之和平穩定發展，在此一情勢該馬前總統時代所推動之「活路外交策略」邊際效用遞減副作用必將遞增，台灣在拉丁美洲與南太平洋之若干邦交國或將會向中國靠攏，倘兩岸關係一旦交惡，這必將引發兩岸外交戰火重燃之可能且帶給台灣外交「斷交潮」之隱憂，吾人絕不可自我感覺良好，滿足於眼前踏實外交短暫之「小成就」而缺乏努力爭取國家利益之大目標。

當前兩岸關係之現況

由於蔡總統 520 就職演說內容有關兩岸關係似有意迴避「九二共識」以致雙方關係漸行漸遠甚至益加緊張，目前兩岸不僅兩會（海基會與海協會）暫停交流，而且官方正式機制之兩辦（陸委會與國台辦）亦無任何溝通，甚至兩岸地方政府首長之往來亦降低，宛若兩岸處於「冷對抗」階段，以往 8 年兩岸互動成果歸零，顯見中國所作所為其真正動機旨在逼迫台灣新政府明確承認「九二共識」及其核心意涵，中國下一階段對台灣外交關係之打壓勢將逐步進逼，台灣絕再不能「泰然處之」持以輕忽態度視之。

台灣外交工作與國際參與之情形

外交政策及其工作即政治體系面對國內外環境挑戰下之反應，一個國家為執行外交政策達致其國家目標與利益所使用之手段，依據美國學者羅斯諾（James N. Rosenau）在其「國際政治之分析架構」（International Politics: A Framework for Analysis）著作中所強調之手段不外乎外交折衝、經貿利益、宣傳技巧、軍事手段，情報運用以及援外救助等工具，台灣自不例外，其主要執行狀況如次：

全世界 197 個國家當中（其中 193 國係屬聯合國會員國），2017 年台灣於拉美及加勒比海地區 12 國、南太平洋 6 國、非洲 2 國以及歐洲 1 國，共計與 21 國維持外交關係並在全世界 78 個國家分設 116 個駐外機構，其中包括 21 個大使館 55 個代表處 2 個總領事館 36 個辦事處與 1 個代表團，2014 年外交部國內外職員編制員額共 2,152 個職員預算員額共 1,764 人。反觀中國目前與全世界 173 個國家建立全面外交關係，並與包括聯合國在內之 132 個政府間國際組織擁有正式會籍。

根據國際組織年鑑之分類，國際組織概分為政府間國際組織（IGO）與非政府間國際組織（INGO 或簡稱 NGO）等兩種，2016 年全世界約有超過 4,000 個 IGO，惟台灣僅能在世界貿易組織（WTO）等 35 個政府間國際組織具有正式會員之身分，同時以觀察員身分參加歐洲復興開發銀行（EBRD）等 22 個政府間國際組織之會議與活動，全球約有 5 萬個 NGO，台灣以個人或團體名義所參與之 NGO 共計有 2,200 個。

2016 年財團法人國際合作發展基金會在全球 31 國（非洲 4

國、中美洲 7 國、加勒比海 6 國、南美洲 2 國、亞太 10 國、中東 2 國）派駐 29 個農技、漁技與醫療等技術團隊協助我友邦進行 89 項合作計畫發展經濟、公共衛生與農漁業等領域，從而彰顯台灣扮演「國際人道援助提供國」之角色。

2009 年 7 月 15 日台灣成為 WTO《政府採購協定》（GPA）第 41 個締約國，自 2009 年起我受邀以觀察員身分參加「世界衛生大會」（WHA），自 2013 年 9 月我民航局獲邀以「國際民航組織」（ICAO）理事會主席「特邀貴賓」身分率團出席 ICAO 大會，惟台灣實質上並非 WHO 與 ICAO 之正式會員國或觀察員，亦非《聯合國氣候變化綱要公約》（UNFCCC）之締約國，今後仍須努力達陣。

第二節　中國對台之政策與策略

在過去 67 年間兩岸在國際社會上激烈之外交攻防戰從未曾稍息，在 2008 年以前由於雙方採取「零和策略」之競爭模式彼此廝殺互不相讓，以致台灣經歷過 1970 年代之外交孤立，其中包括退出聯合國、中日斷交、中美斷交以及遭諸多重要盟邦所背棄，台灣宛如一葉扁舟漂泊在狂風巨浪，若身為一名外交工作人員，其內心誠心酸無比。在 1997 年台灣為維繫與南非之外交關係，台灣曾一度意圖改採所謂之「雙重承認」（Dual recognition）策略換取南非同時承認中國與台灣，惜未為中國所接受，俟自 2008 年 3 月馬前總統就任至 2016 年 5 月政黨輪替，因台灣主動

提出外交休兵之論點台海雙方因而暫時維持現狀，惟以往在不同時空背景台灣之外交地位容或有所不同，早在 1969 年尚未退出聯合國之前台灣之邦交國高達 71 個（當年外交承認中國者僅 48 國），迨 1978 年僅有 21 國與我國維持外交關係，截至 2017 年元月台灣尚有 22 個邦交國，中國則有 172 個邦交國。

　　兩岸雖歷經 30 餘年之交流互動，雙方在軍事與外交方面之敵對狀態迄未結束，尤其中國在打壓台灣國際空間上，近年來隨著兩岸關係之改善其對台打壓之強度在表面上或有所減弱，甚至對台灣偶而會有略表「讓利」之假象，若我理性仔細觀察，中國本質毫無改變，中國對台和平統一目標至為明確且一貫，不但有全盤戰略指導原則且有慎密之戰術作為，目前兩岸一切交流係以統戰為依歸，旨在促使兩岸問題「內政化」，並實現終極統一之目的，其基本立場迄今仍不願意正視或承認中華民國之客觀存在，兩岸關係近年來顯已產生質變，而且兩相比較台灣業已相對成為「弱者」，尤其中國自 1997 年展開「大國外交」攻勢，已從鄧小平時期「韜光養晦」之保守外交政策轉向目前習近平「奮發有為」（striving for achievements）之積極政策逐步完成中國夢之時代，其對內政策以推動改革與依法治國為主，外交政策係以「新型大國關係」為主軸並側重「戰略軍事」與「戰略經濟」，大幅度調整與美、俄、歐盟、東協與中亞等國之關係，對我外交形成極大之威脅，鑒於習近平作風強硬且難以捉摸，對鎮壓疆獨運動、法輪功與西藏問題毫不手軟，對香港之占中運動、社群媒體與網路亦從嚴管控，因此吾人可判斷中國未來對台工作之壓縮當可預知，外交休兵似已成為「史實」，台灣外交前途或將篳路藍縷與充滿無奈。

中國對台之基本原則

　　若綜合過去 68 年中國之外交文獻內容與實際作為似可顯示多年來中國對台進行以下諸策略：

　　＊堅持奉行「一個中國」原則。

　　＊掌握全球化與中國和平崛起之「兩大勢頭」。

　　＊落實對台輿論戰、心理戰及法律戰之「三戰思維」。

　　＊進行把台灣邦交國挖光、把台灣國際生路堵光、把台灣與　　　中國對等談判的籌碼擠光之「三光政策」。

　　＊結合能源、經濟、軍事與外交之「四合一」戰略部署。

　　＊採取東擴、西進、北連、南通之「四面出擊」策略。

　　＊企圖把台灣矮化、邊緣化、地方化、去政府化及去主權化　　　之「五化目標」。

中國對台工作之人事新布局

　　基於知己知彼之觀點，吾人對中國之外交思維與做法應有所瞭解，目前中國在人事布局方面採國台辦與外交系統相互交流方式從而落實中國對台工作在處理台灣人民時「當軟則軟」，在處理台灣政府時「當硬則硬」之彈性原則，例如前國台辦主任王毅原為中國駐日大使，2013 年 3 月第 12 屆全國人大會升任為外長，中國原副外長張志軍改派為國台辦主任，前商務部長陳德銘則出任中國海協會會長。以中國戰略思維以觀，涉台事務倘僅憑台辦系統之傳統思維根本無法因應極其敏感且複雜之台灣問題，因此讓外交與台辦系統進行人事、觀念與政策之橫向整合殊為一大妙

招，此種作法台灣似可借鏡，惜台灣新政府主管相關外交、大陸事務、國防與兩岸關係之官員承受之包袱過重、思維較保守、且欠缺一股對付中國之「霸氣」，因此處理兩岸問題恐難以發揮，中國國務院之新領導階層包括1名總理4名副總理與5位國務委員共計10人，擁有博士學位者計有4人，碩士學位者3人，其中國務院總理李克強係北京大學法學碩士與經濟學博士，他係中國歷史上第一位擁有博士學位之總理，足見中國決策團隊素質近年來已有長足增進。

中國對台行動綱領與實際做法

一從鄧小平、江澤民、胡錦濤到習近平，中國歷代領導人對台政策基本原則，諸如「堅持一個中國原則」、「不放棄對台使用武力」、「反對台獨」與「中國終極統一」均有其延續性絕不輕易改變，換言之中國最終對台政策之和平統一戰略目標不變，惟可變者僅係其短期戰術與手段之彈性運用，目前中國第五代領導人習近平與李克強均屬「知台派」，習近平2013年3月就任國家主席雖係佛教徒並尊崇孔孟思想，他亦係馬列主義與毛鄧思想之堅定信仰者與執行者，若吾人就習近平之成長環境與教育背景觀察，習近平前妻柯玲玲（現改名柯小明）現任倫敦大學亞非醫學院客座教授，伊於2015年8月接受英國《僑報》訪問時稱，「習近平個性刻板、固執、執著、正直、做事有計劃有步驟、富潛能且深具理想，」外界均認為習近平之行事風格似有採取「衝突、妥協、進步」模式之傾向，習近平上任以來積極推動反貪腐運動，目前已取得黨內空前無比之地位，2016年10月28日中共第18屆6中全會結束後曾發表公報確定以習近平同志為黨中央之核心

價值地位，足見渠係中國自毛澤東以來最有權勢之領導人，甚至或將尋求第三任之可能性，渠對兩岸關係曾表示「兩岸長期存在之政治分歧問題終歸逐步解決，總不能一代一代傳下去。」習李二人對台灣巧妙運用政治與經濟兩手策略相輔相成，兩者相互結合從而促使「以商逼政」與「以民逼官」之謀略循序漸進發展兩岸關係。坦白言之，歷任中國領導人多年來主要精力均側重國內問題之處理，實際上無暇真正花費太多時間在對台政策工作。

中國自從 2005 年 3 月頒布《反分裂國家法》（anti-secession law）之後，一直將台灣問題定位為「國家安全戰略」問題，顯示中國正在積極加強向國際社會強調處理台灣問題之一貫立場，堅決確認台灣係「中國內部問題」，同時強調處理台灣問題不能無限期拖延且務須在本世紀結束前完成統一之態度，該作法對台灣之國際處境將益加嚴峻。

2005 年 4 月 29 日連戰與胡錦濤之「連胡會」同意台灣可以觀察員身分出席世界衛生大會（WHA），根據中國與世衛組織祕書處簽訂之祕密「諒解備忘錄」（MOU），訂出一個「處理中國台灣省之問題作業準則」，其內容明定台灣在世衛內部法規命令之正式名稱是「中國台灣省」，除了世衛年會出版品上以「中華台北」之名義代替，其餘文件一律使用中國台灣省。2009 年開始台灣以「中華台北」之名稱與觀察員身分參與世界衛生大會，然而依據上述備忘錄雙方同意台灣參與之任何世界衛生有關活動，祕書處須先主動通知中國，台灣每年五月參加 WHA 大會，祕書長在致發邀請函時亦須先知會中國，因此中國該「無形之手」（invisible hands）可以完全操控台灣。

2015 年 5 月 18 日至 20 日中國所召開之「中央統戰工作會議」，中國總書記習近平強調隨著「一國兩制」深入實施，必須

適應新形勢切實做好港澳與對台工作，所採取之措施都要有利於堅持鞏固黨的領導與執政地位。

2015 年 7 月 1 日中國全國人民代表大會第 12 屆常務委員會表決通過《國家安全法》，該法第 11 條第 2 款與第 40 條明定「維護國家主權統一與領土完整係包括港澳同胞與台灣同胞在內之全中國人民共同義務」，按該規定否定中華民國係主權國家與漠視兩岸互不隸屬之事實，片面強將台灣之地位與香港、澳門兩個特別行政區並列，從而矮化台灣之主權國家地位，嚴重冒犯台灣人民之尊嚴，實非明智之舉，因此我陸委會表示嚴正抗議，強調台灣政府一再聲明，要中國面對兩岸分治之現實，任何片面作為均不能改變台灣為主權國家之事實。關於釣魚台部分，從歷史、地理、地質與國際法等層面均屬中華民國，台灣早於 1971 年業將釣魚台劃入宜蘭頭城鎮大溪里，因此釣魚台主權絕非屬於日本或中國。

2016 年 3 月 15 日中國全國政協 12 屆 4 次會議在北京閉幕，並通過政治決議重申「堅持九二共識政治基礎，堅決遏止任何形式之台獨分裂行徑」，此可視為北京對台灣新政府「喊話」態勢。同時決定將台灣出國人士與留學生以及黨外人士中具有代表人物列為中國新統戰對象。就台灣角度而言，中國 1996 年所進行之飛彈危機與 2005 年所通過之「反分裂國家法」，可視為北京仍將使用武力作為統一最終依恃之證據。

2016 年 3 月 21 日美國歐巴馬總統簽署法案，支持台灣以觀察員身分參與國際刑警組織，中國國台辦發言人安峰山則表示，台灣問題是中國的內政，吾人一貫堅持以「一個中國」原則處理台灣參與國際組織活動事宜，堅決反對外國勢力插手。

中國已將台灣、西藏、新疆、東海與南海視為其「核心利益」，

尤其中國對台政策，國家主席習近平除擔任中央對台工作領導小組之組長外，他近曾指示以「中國中央辦公廳」為其新決策體系，凌駕現有之國台辦系統，似擬促使台辦功能形式化，顯見中國對台或將採取較緊縮之作法並向台灣施加更大之壓力。

　　至於台海兩岸基於人道救濟共同合作之成功案例亦殊值一提，例如 1990 年 8 月 2 日伊拉克派軍入侵科威特，當時台灣駐在科威特之留學生、護士、外貿協會人員、中油公司與中華工程人員共計 167 人，中國曾協助台灣一併將我同胞隨其人員於 8 月 19 日安全撤離科威特經伊拉克赴約旦搭機返台，該作法令台灣人民至今仍銘記在心，今後台灣亦應適時在不同國際危急場合協助中國同胞脫離危難。

近年來中國對台統戰與打壓事例

　　儘管在 2016 年 5 月以前兩岸關係業已大幅改善，然而中國對任何涉及主權問題堅不對台灣讓步，即使在馬政府時期亦未完全罷手，惟台灣外交部同仁在外館反制或平衡中國打壓之成功事例亦甚多，惟吾人應進一步瞭解中國之陰謀，以下近年來中國在國際社會打壓台灣之重要事例值得重視以資警惕：

1. 2014 年 3 月 11 日日本政府在東京舉行 311 日本大地震 2 週年追悼大會，因台灣曾捐款高達 62 億台幣為世界之冠，因此日方邀請我駐日代表出席，在儀式中坐在外交使節席次並唱名獻花致悼，惟中國對日方所做所為表示強烈抗議拒絕出席該儀式。對於上述事件日本前首相野田佳彥（Yoshihiko Noda）2015 年 4 月 30 日應邀訪華曾在對外關係協會發表演說時向台灣致歉，並對台灣之深情厚誼表達謝意。

2. 2014 年 3 月 17 日馬總統出訪教廷祝賀新任教宗方濟就職典禮，曾遭中國抗議要求教廷與台灣斷交，按台灣與教廷建交迄今已屆 72 年，中國對台灣邦交國竟有此行徑，台灣絕不可掉以輕心，亦令人引發對兩岸外交休兵成效與價值之疑慮。

3. 2014 年 3 月 15 日美國國會議員提案支持台灣加入國際民航組織，中國國台辦抨擊外國勢力插手中國內政。

4. 2014 年 3 月 20 日印尼邀請我國民間學者出席印尼雅加達第 3 屆國際防務對話（JIDD），北京硬逼主辦單位撤回對台灣之邀請。

5. 2014 年 7 月 24 日中山大學教授林德昌在第二屆兩岸中山論壇上指出，近年來台灣民間團體（NGO）參與國際活動，受到中國打壓、抵制或抗議之件數超過數十件。

6. 2015 年 2 月 8 日中國廣東省人民對外友好協會會長傅朗率廣東省政府相關官員一行 16 人分訪索羅門群島、帛琉、諾魯與吉里巴斯等我亞太邦交國，該團以地方政府為名並以推廣經貿、漁業與旅遊為餌，事實上中國擬布局破壞我與友邦之關係。

7. 2015 年 4 月尼泊爾發生 7.9 級大地震，造成 7,040 餘人死亡與 15,000 人受傷，全球共有 30 餘國提供援助，惟尼國政府基於「一中」政策而婉拒台灣官方之援助，據悉其幕後因有中國因素作祟所致。

8. 2015 年 4 月 29 日斐濟衛生部舉行「發展夥伴協調會議」，中國大使館參贊楊朝暉曾向會議主席即斐濟衛生部次長強烈抗議，揚言台灣僅能以「Chinese Taipei」名義與會且我國駐處人員不得與各使館人員同區，須向後移坐在非使館人員區。

9. 2015 年 5 月 27 日美國國會授權成立之美中經濟暨安全檢討委員會（USCC）發表一份研究報告指出，北京基於狹義之區域安全利益發展自貿協定，並要求相關貿易夥伴支持一中原則，並表達反對中國威脅論之概念，同時勸阻他國勿與台灣簽署自貿協定，即便簽署協定時必須強調台灣係非主權國家，我前經濟部長杜紫軍於 2014 年 10 月表示在 2014 年曾有幾個國家考慮與台灣進入實質貿易談判，惟在中國壓力下而退縮，他指出馬來西亞即係上述國家之一，北京駐馬來西亞大使黃惠康亦承認北京反對馬來西亞與台灣簽署 FTA。

10. 2015 年 6 月間中國港灣工程公司（CHEC）副總經理李毅曾在巴黎與我邦交國聖多美普林西比民主共和國總理陀沃達會晤洽商共同建設深水港之可能性，足以證明中國正積極爭取與聖多美建交之可能性。

11. 台灣係亞洲開發銀行（Asian development bank）創始會員國，1986 年在中國施壓後會籍名稱由中華民國被擅改為「中國台北」（Taipei, China），我國甚為氣憤拒絕接受，因此每年亞銀年會均持續抗議，目前亞投行情況更差，中國企圖透過章程，擬採「香港模式」矮化台灣。

12. 2013 年底中國突然公布「東海防空識別區」，2015 年初逕行公告貼近海峽中線劃設之南北向國際航線，2015 年 6 月復片面宣布改用免簽之台胞卡，凡此種切中國在事先均未與我諮商，或不顧我方反對逕行單邊作為，對台灣政府毫不尊重。

13. 2015 年 9 月 3 日美國二戰紀念之友會舉行二戰勝利紀念活動，原本同時邀請中國駐美大使崔天凱與台灣駐美大使沈呂巡分別代表台海兩岸出席並獻花，惟中國抵制此項活動

以缺席抗議邀請台灣參加，並要求主辦單位僅能以「台北經濟及文化代表處」名義安排台灣獻花，據美方透露中國大使館曾提出「三不」要求：不得出現中華民國或台灣之國名、現場不得出現中華民國國旗以及台北駐美代表沈呂巡不得上台獻花，充分顯示中國在國際社會打壓台灣毫不手軟。

14. 2016年4月18日台灣經濟部工業局沈組長維正率團赴比利時布魯塞爾出席鋼鐵委員會會議，該會係由經濟合作暨發展組織（OECD）與比利時政府合辦之會議，當日中國代表團數度要求主辦單位迫使台灣代表團離場，中國所持之理由係台灣非一政府，無權派政府官員出席該會議，同時中國指責台灣所派之代表層級過低不宜參加高階官員會議，比利時在中國之壓力下終要求台灣代表團離席，然而OECD事後則表示台灣雖非係成員國，惟台灣自2005年即係「觀察員」且自2013年已改為「參與方」，多年來台灣均係該委員會之固定參與方，享有與所有參與方之相同待遇，足見中國上述不當行為殊令人不齒。

15. 2016年4月8日中國罔顧2009年台海兩岸所簽署「海峽兩岸共同打擊犯罪及司法互助協議」之相關規定，逕自強押在肯亞涉嫌電信詐騙案之45名台灣嫌犯回北京受審，是種蠻橫行為因涉及管轄權與主權之爭，引發台灣朝野軒然大波與不滿。

16. 2016年5月6日世界衛生組織（WHO）致發邀請函給台灣以參加5月23日日內瓦召開之第69屆世界衛生大會（WHA），惟該邀請函在中國干預下特別刻意加註聯合國1971年10月25日第26屆聯合國大會所通過迫使台灣退出

聯合國之第 2758 號決議文以及「一個中國原則」，此舉足以顯見中國利用機會對台灣設定國際參與之條件並對台灣新政府一項警訊，誠為中國對台統戰技倆之顯現，亦係中國對台「鬥而不破預留空間」之高招，從而測試蔡總統對一中政策之態度與底線，此亦或將係中國全面杯葛台灣參與國際組織之前兆。

17. 2016 年 5 月 10 日美國共和黨籍國會議員兼眾議院外交委員會亞太小組主席邵建隆（Matt Salmon）曾透露，中國大使館要求他不要參加 520 蔡總統就職典禮，惟遭他當場拒絕。

18. 2016 年 5 月 16 日美國國會眾議院表決通過重申 1979 年 4 月 10 日由國會所通過之「台灣關係法案」與 1982 年 7 月 14 日雷根總統向台灣政府所提出之「六項保證」為美台關係基石之共同決議案，惟中國外交部發言人洪磊則於 5 月 18 日在例行記者會中表示反對，並要求美方立即撤銷，同時批評美國違反一個中國政策，干涉中國內政，要求美方切實恪守一個中國政策，中美三個聯合公報以及反對台獨之承諾。按上述「六項保證」之內容如次：

(1) 美國不同意設下對台軍售結束的期限

(2) 美國不擔任台灣和中華人民共和國的調人

(3) 美國不會企圖對台灣施壓去和中華人民共和國談判

(4) 美國長久以來對台灣主權的立場沒有改變

(5) 美國無意修改台灣關係法

(6) 八一七公報不應該被解讀為美國有意在對台軍售前和北京諮商

（Six Assurances were: (1) The US would not set a date for termination of arms sales to Taiwan; (2) The US would not alter the terms of the Taiwan Relation Act; (3) The US would not consult with China in advance before making decisions about US arms sales to Taiwan; (4) The US would not mediate between Taiwan and China; (5) The US would not alter its position about the sovereignty of Taiwan was, that the question was one to be decided peacefully by the Chinese themselves, and would not pressure Taiwan to enter into negoyiations with China; and (6) The US would not formally recognize Chinese sovereignty over Taiwan.）

19. 2016 年 5 月 24 日台灣被迫終止 2015 年 9 月與哥倫比亞所簽署之「競爭法適用備忘錄」，其主因乃在於哥國政府受到中國之壓力以「一個中國」原則下，哥國政府任何機構不得與台灣政府接觸，更不能與台灣簽署任何協定或備忘錄。

20. 2016 年 6 月 3 日中國外交部發言人華春瑩對外宣稱：「中國對包括太平島在內之南沙群島及其附近海域擁有無可爭辯之主權」，按以往中國從未曾挑戰太平島屬於中華民國之事實，甚至尚多次呼籲兩岸應在南海議題上合作，此乃中國當局首次提出該無理宣示，我陸委會旋於 2016 年 6 月 4 日駁斥中國並強調「中華民國對太平島擁有無庸置疑之主權」，由中國上述之舉措似可顯示對台灣新政府再度在主權方面提出警告並咄咄逼人，其動機殊令人側目。

21. 國際民航組織（ICAO）2016 年 9 月 27 日至 10 月 7 日在加拿大蒙特婁召開第 39 屆大會，由於中國阻撓及其堅持「一個中國」原則下，儘管台灣獲得美日等國聲援亦無法應邀出席，事實上中國駐聯合國代表團早於 2016 年 8 月底私下

致函各聯合國會員國稱「台灣政府 2016 年出現重大變化，民進黨 5 月 20 日執政後沒有放棄其台灣獨立黨綱，拒絕承認九二共識與兩岸同屬一個中國，因此中國不同意台灣參與第 39 屆 ICAO 大會。」

22. 台灣在中國之打壓下無法以視察員身分出席 2016 年 11 月 7 日在印尼舉行之「國際刑警組織」（INTERPOL），儘管美國總統歐巴馬 2016 年 3 月簽署國會之法案支持台灣，一切均屬枉然。

23. 2016 年 11 月 17 日馬前總統應邀參加馬來西亞華人高峰會亦曾遭打壓，不但大會手冊上「台灣前總統」之頭銜被改為「前華人領導人」，甚至演講題目亦遭修改，此舉不但影響馬前總統之形象，更損害馬英九「九二共識／一中各表」之主張，足見中國政府過河拆橋之不齒行徑，事後查證係中國駐國大使館介入所致。

第三節　台灣外交所面臨之困難

　　台灣外交之前途攸關國際情勢主客觀之變化與兩岸關係之相互牽動等因素，目前中俄對抗美日之格局已為新冷戰時代揭開序幕，台灣身處此一變局究該何去何從？吾人應體察時勢採取與時俱進多元創新思維與能屈能伸自處之道，長期以來台灣外交似一直欠缺中心思想、長遠理想與總體戰略目標甚至近憂遠慮，近年來工作重點似永遠忙於維護邦交國之「救火」工作且不再懷抱

鴻志，僅努力於滿足一些與外交工作無涉之「小確幸」諸如青年赴海外度假打工、青年大使出國訪問與駕照互惠等不一而足，對外交開創性工作似不再做深刻思考且有所作為，反觀中國正致力開展大國外交、一帶一路、亞投行、RCEP 與冬季奧運以及 2016年 10 月 1 日生效之人民幣加入 IMF「特別提款權」（SDR），力促人民幣國際化與成為世界各國儲備貨幣，從而取得國際經貿之話語權，這些均係具有全球視野之發展路徑與理想，兩岸相比中國顯已大幅度地拉開雙方之差距，呈現出台灣之弱勢，惟在探討台灣開創新局之同時，首應瞭解吾人在國際政治現實主義之制約下所面臨處境及其困難。

1. 國內朝野對外交之共識問題——長期以來台灣朝野政黨一向基於獨統意識形態或爭取選票等原因，雙方永遠處於敵對狀態，然而拓展我國際空間之外交目標允宜為我朝野政黨共同利益之所在，畢竟國家利益高於政黨利益且應超越藍綠之爭，對於長遠外交政策，彼此理應不分藍綠共同磋商達成兩黨共識，並將槍口對外減少不確定因素，避免給予第三者見縫插針之機會，始能突破台灣之困境，蓋因任何一黨倘有分裂台灣之言行與舉措均易造成對外目標混淆與資源重複浪費，從現今之環境氛圍及脈絡觀之，上述理性之作為迄今仍難為朝野完全接受，例如台聯黨精神領袖亦即李前總統登輝 2015 年 7 月 22 日赴日本訪問並應邀在東京國會議員會館發表演說，他聲稱中華民國為「外來政權」，抹殺及詆毀中華民國並否認「九二共識」，主張切斷台灣與中國之曖昧關係，再次表示「釣魚台係屬日本，台灣很感謝被日本統治」，甚至在日本以「借殼上市」方式鼓吹其台獨主張，上述信口雌黃媚日之不當言論誠喪權辱國令人不齒。

2. 兩岸間「九二共識」問題──鑒於台灣與中國係休戚與共之命運共同體，兩岸同胞同屬中華民族，對於兩岸一中各表之認同問題，雙方業已於 2016 年 5 月 20 日以前形成共識，以往「九二共識」之歷史意義乃在於「創造性戰略模糊」之作法求同存異，然而兩岸間對「九二共識」之說法並不一致，「九二共識」被稱為「模稜兩可之傑作」（masterpiece of ambiguty）雙方擱置目前無法解決之主權爭議並致力於互利之處，然而「模稜兩可」之說法並非上上之策今後雙方允宜進一步考慮達致書面之協議加以確認。按民進黨政府目前對外最大挑戰無疑係兩岸關係，守住「中華民國」乃其底線。

3. 加速完成與相關國家進行自由貿易協定（FTA）談判問題──台灣與紐西蘭以及新加坡已簽署經濟伙伴協議，惟與澳洲、日本、南韓、馬來西亞、印尼以及加拿大等國則毫無進展，今後應擴大與更多國家洽簽 FTA，以擺脫邊緣化之困境。

4. 外交預算嚴重不足之問題──2017 年我國之外交預算僅有新台幣 313 億元（約 10 億美元），僅佔中央政府總預算 1.3%，其預算殊屬有限，據馬前總統 2015 年 7 月 16 日在其「久揚專案」訪問尼加拉瓜與隨行國內記者茶敘時，他曾表示自 2008 年迄今 8 年間台灣外交預算已減少新台幣 80 億元。坦白言之，台灣推動外交工作不但國內朝野矛盾重重不能一致對外，而且外部環境亦相對困難，無法操之在我，在是種主客觀環境下，再加諸經費短缺，何能指望外交當局有所作為？

5. 兩岸外交休兵將因情勢變遷而被迫中斷之問題──兩岸外交休兵係 2008 年 5 月由我方主動提出台海雙方在互相默契下進行「不互挖牆腳」之作法迄今業已 8 年，雙方從未正式簽署甚至亦無法達致任何口頭協議，惟其先決條件乃「九二

共識」，目前情勢顯已變遷，因而是種默契或將因時空之變化而有所變化，該「現狀」究可維持多久且未來變化如何以及中國是否將變臉均殊難逆料，此一時權宜之計，難免會有虛擬假象存在，我方目前站在被動或守勢立場仰人鼻息殊非理想「政策」且為國際關係之冗見之現象，2015 年總統大選期間，蔡英文屬詞批評「外交休兵」並貶損外交人員「只知看中國臉色」且「不知為何而戰」，因此吾人似可看出蔡總統對「維持」外交休兵之「現狀」或有不同看法，就現實以觀，吾人絕不宜主動輕易放棄外交休兵，惟今後對中國絕不可有一廂情願之想法，我仍應高度警覺與保持戰鬥意志絕不可自我設限，並應抱持料敵從寬禦敵從嚴之態度，例如 2016 年 3 月 17 日中國宣布與甘比亞復交，適值馬前總統正在瓜地馬拉訪問與台灣 520 政黨輪替新舊總統交接在即，且距 2015 年 11 月 7 日「馬習會」僅 4 個多月，令人深感言猶在耳相煎太急，且對上述外交休兵或活路外交甚至兩岸互信，均係一大衝擊亦再度證明北京政權絕不可信賴。展望未來外交發展，台灣必須秉持國家利益基於現實主義之思維發展我正常外交工作。

2015 年 7 月馬前總統赴尼加拉瓜訪問，當時尼國總統奧蒂加不顧國際禮儀未赴機場接機，他甚至違背雙方原先所協議之閉門會議，雙方會談內容竟在尼國電視台上直播要求台灣協助建港口等之要求，是種予取予求對我甚不友善之作法，令我方甚為尷尬。加勒比海另一邦交國貝里斯亦正在透過「南南合作國際組織」（IOSSC）在香港設立投資貿易辦事處，該貝國玩兩面手法之發展情勢，誠埋下難以預測之變數，我方應未雨綢繆並嚴陣以待。事實上 2015 年初首屆「中

拉論壇部長級會議」在北京舉行，台灣在拉丁美洲之友邦幾乎均派員出席，習近平曾表示未來十年中國將在拉美地區投資 2,500 億美元，雙邊貿易額將可達 5,000 億美元，這些宣示將加深今後我國友邦倒戈傾向中國之動能，我國應有心理準備。

中國總理李克強 2015 年 5 月 18 日分訪巴西、哥倫比亞、祕魯與智利等四國，中國承諾提供巴西超過 500 億美元之投資與採購，另將興建自巴西至祕魯間連接大西洋與太平洋之「兩洋鐵路」全長 8,200 公里預估所需資金高達 250 億美元興建時間約 6 年，充分顯示中國正在中南美地區擬以投資策略取代金援外交之作法從而進行戰略性耕耘，徒引起鄰近之我邦交國諸如巴拉圭等國垂涎不已，在南太平洋地區之友邦索羅門群島近年來與中國土木工程集團（CCECC）進行接觸，該公司承諾索國發展基礎建設，並允將協助向中國政府爭取數以億計之相關優惠貸款，同時擬將於索國政府簽署該協議後進一步推動相關計畫。

中國近年來挾其豐富之財經資源，仿效台灣辦理各項訓練班之作法，在拉丁美洲與南太地區洽邀我邦交國派員赴中國受訓參訪從而布建友「中」人脈，其所運用手段靈活多變，我允宜研擬因應之道。

6. 外交部是否允宜繼續維持 116 個駐外館處之問題值得深思
——我政府應有新的戰略觀，重新定位自己之國力，對人力資源之配置均應再做評估，例如台灣在美國所設之辦事處高達 13 個，遠較中國 6 個，澳洲 8 個與英國 9 個還多，似有浪費人力之嫌，因此應從國家利益與財政情況等層面審慎研析我在全球之布局力求務實與精減原則，對於外交效益有

限、僑民不多、經濟往來欠缺且未來發展潛力不高之駐外館處均應進行檢討並斷然予以裁撤，2016 年外交部業已分別裁撤挪威、利比亞、吉達與關島等四個單位，今後我駐外單位仍宜縮減至 90 個左右。

7. 台美經貿談判問題——台美 TIFA 貿易談判業於 2013 年 3 月中旬重啟深受關注，美方將敦促台灣遵守國際貿易規則開放美豬，鑒於日韓中港星等鄰國皆已開放，加諸美國總統歐巴馬 2016 年 3 月向國會提出之 2016 年貿易政策議題，該報告美方確已提出美豬輸台之事項，台灣政府當不能不察。

8. 台日關係問題——2012 年日本野田政權宣布釣魚台國有化之後，東亞重回冷戰之氣氛濃厚，尤其 2015 年 4 月 30 日日本首相安倍晉三訪美並已將「美日同盟」全面升級，同時日本亦加速其集體自衛權法制化，2015 年 9 月 19 日日本參議院以 148 票對 90 票通過《新安保法》，目前眾參兩院均已審議通過，經日皇 2016 年 3 月 29 日公布將正式成為法律，該法解禁集體自衛權並賦予自衛隊派遣海外協助作戰之法源基礎，今後中國與日本在此一地區軍事衝突之可能性亦將倍增。此外，日本侵華造成 3,500 萬中國人死亡之史實，世世代代之國人均將永遠不能忘懷，尤其對日本 731 毒氣部隊之進行之暴行、1937 年南京大屠殺造成 30 萬人受害以及二戰期間強徵 20 萬中國婦女為日軍慰安婦之殘酷歷史均係掩蓋不住之史實，然而日本迄今仍不知反省其戰爭罪行且未曾對南京大屠殺真心道歉,今後日本軍國主義是否再起吾人應密切高度關注其發展此外，日本政府自 2017 年 1 月 1 日將其駐台機構更名為「日本台灣交流協會」，此舉或為日本對台灣釋出善意，惟台灣允宜務實地看待台日關係，僅片面追

求聯日抗中，恐將喪失台灣之國家利益，同時須觀察日本今後在核災食品輸台等諸問題是否會給台灣更多壓力與無理要求。

9. 外交資訊安全問題——據「維基解密」與美國中央情報局（CIA）前情報員史諾登（Edward Snowden）所分別透露之機密文件顯示，美國正對包括德國總理梅克爾、法國總統歐蘭德以及歐盟、日韓等全球 38 國駐美大使館、他國政府首長甚至其助理與祕書均長期派員進行非法監聽，台灣自當亦為美國監聽重要對象國之一，我國安單位今後應加強國內資安與外交資訊安全之保護措施。

10. 台美關係問題——吾人必須深切了解，國際政治非常現實毫無道義原則之可言，台灣僅係強權運用之一個「籌碼」，美國在歷史上基於其當時國家利益背棄台灣之事例甚多，諸如雅爾達密約出賣中華民國與 1949 年 8 月杜魯門總統所發表之「中國白皮書」（White paper on China）對失去中國之指控做一辯白，指責國民黨政府腐敗無能，造就中國共產主義勢力在內戰取得勝利等不一而足，吾人對美國存有五味雜陳亟其複雜之心情（mixed feelings），就正面而言美國在台海危機、協助爭取台灣國際空間與出售武器等諸方面支持台灣，另一方面美國基於國家利益對我外交工作經常採取選擇性干預（selective intervention），例如台灣以往與北韓及伊朗之接觸甚至台灣在南海之作為，美國政府均透過美國在台協會（AIT）或其他管道予以干預，因此台灣務須瞭解美國往往行動與言詞不一，切勿被其外交辭令沖昏頭，目前美國新總統川普上任對台灣態度或將出現微妙之轉變，今後絕不可全然信賴美國，必須堅持獨立自

主權。事實上近年來美國歐巴馬總統對台灣非常冷淡，例如自 2011 年後，直到 2015 年才有新的對台軍售，其內容徒具象徵意義，2015 年 12 月歐巴馬在白宮記者會非常罕見地提及台灣，卻有意或無意掀起台灣之底牌，界定台灣只要維持某種程度之自治就不會進一步宣布獨立，歐巴馬上述言論非常不得體，在在顯示美國並不認為台灣係一個獨立之國家。

11. 未來台灣斷交問題——曾任陸委會副主委國內知名學者林中斌 2015 年 6 月曾撰文提醒政府，中國應不急於兩岸統一否則「消化不良」，2016 年 5 月民進黨執政後，兩岸關係若處理不當，中國對台外交將可能進行「雪崩式斷交」以爭取我邦交國，2015 年 7 月 6 日前副總統呂秀蓮亦預言 2016 年台灣政黨輪替新總統上任後，台灣可能面臨骨牌效應或斷交潮，2015 年 7 月 8 日自由時報社論刊登「邦交斷交兩面刃」之文章指出「馬前總統曾聲稱有三個邦交國試圖與中國建交，卻遭到中國拒絕，顯示活路外交使得兩岸不再惡鬥」，然而台灣之外交係在兩岸關係之架構下進行，有鑒於蔡總統對「保持現狀」迄今仍含混其詞未做明確回應，且民進黨之「台獨黨綱」仍存在此將或成為未來台灣「斷交之種」，前國安局長楊國強 2015 年 10 月 7 日答覆立委質詢時稱，如果兩岸關係發生變化，邦交國應 80%以上可能會出問題，且有 17 個以上邦交國或將生變，2016 年政黨輪替後是否將可證明活路外交仍可存在殊令人懷疑？例如 2015 年 9 月 28 日教宗方濟各訪美之後隨即向記者表示，教廷與中國一直有接觸有對話，他希望早日赴中國訪問，有鑒於中國有 7,000 萬基督徒，每年成長 10%，因此教廷希

望與中國發展良好關係，據悉 2016 年 4 月中國與教廷已設立工作小組討論如何進一步推動關係從而排除建交之障礙（主教任命、赦免被逐者與自由宣教），因此似可顯示教廷擬與中國建交之傾向日益明顯且將趨近成熟，尤其有鑑於共產國家之越南，在主教任命上與教廷業已達成協議，越南教會係採取預先提出名單再由教廷祝聖任命，北京今後或有可能仿效此一模式，台灣今後對教廷與中國建交之勢將阻擋不住。

12. 台星關係問題——台灣與新加坡基於特殊之友好關係，自 1975 年執行之星光計畫迄今適滿 42 年，其訓練重點乃砲兵與裝甲兵之集訓，近年來星國與台灣雙方軍事交流逐漸縮水，派來台受訓軍人有逐年減少之趨勢，中國迭次邀請星光部隊移駐海南島，在美國介入下喊卡，惟 2014 年星國仍派軍人赴南京與共軍進行聯合作戰演習，新加坡係一蕞爾小國，其民族性一向現實，基於國家利益星國必須與中國加強關係並逐漸擺脫與台灣之軍事合作，此點台灣政府當應理解並予以接受，此外，近年來星國曾兩度拒絕我政府所推派駐星人選（李天羽與黃志芳）以及史亞平被迫調離等，足以顯見台星未來關係發展之趨勢。

13. 新南向政策問題——蔡總統 2016 年 4 月 29 日曾於就職前赴外交部聽取簡報並在場重申發展「新南向政策」之重要性，然而長期以來台灣外交當局、教育部以及大專院校均重美歐輕亞非，尤對東南亞等地區問題專家及其語文人才之培育，嚴重缺乏應有之重視與長遠規劃蔚為國用，試問我政府今後何能有效發展此一區域之外交與經貿工作？同時「新南向政策」缺乏配套措施，今後推動必將後繼無力，

事實上當前東南亞國家相當高之關稅乃為一潛在障礙，況且蔡總統把兩岸關係與「區域和平穩定發展」並列，換言之把「新南向政策」放在東南亞安全戰略之一環，台灣今後必將遭致中國強勁之反制與孤立。

14. 觀察中國之「民意」——台灣仍應注意中國所謂之「民調」，2016 年 4 月 27 日中國官媒《環球時報》曾公布其民調稱約 85%受訪者支持使用武力手段達致統一目標，該民調之動機與結果或與中國一貫文宣有關。中國國台辦發言人安峰山 2016 年 10 月 6 日曾稱中國反對台灣任何形式台獨分裂活動之立場堅定不移，台灣任何勢力與任何人不要低估中國 13 億民意之堅定決心。此外，中國《環球時報》之社評 2016 年 10 月 12 日針對蔡總統雙十國慶演說，強調中國不再對蔡英文存有任何幻想，兩岸關係之僵持與緊張已成定局，雙方恢復官方接觸已無望，經濟合作走下坡頭亦難挽回。

第四章

開啟台灣踏實外交之鑰

外交政策之目標厥在追求國家利益與政策目標，並在國際社會尋求自保與永續發展，此攸關該政府全盤性與長遠性之戰略設計與布局，台灣之處境宛如大海中之一條「中型海魚」，介於中國與美國兩大鯨魚間必須以小搏大左右逢源，試圖扮演一顆絕妙之戰略棋子，然而兩大之間難為小，台灣基於主客觀情勢必須採取採取「和中、友日、親美」之政策洵屬正確，歷史上台灣一向親美乃歷史與政治現實使然，鑒於當前華盛頓與北京之角力，已從太平洋走向印度洋，中國綜合國力近年來快速提升，影響美國在亞太地區之霸權地位，美「中」已步入「安全困境」（security dilemma）之死胡同，因此未來美中台三角關係宛若棋局一般，任一個棋子動全局則變，例如日本首相安倍 2015 年 4 月訪美，美日兩國達致「美日防衛合作指針」，美國重申保障日本安全之條約承諾不變，而且安保條約第 5 條適用於日本行政權控制下之釣魚台，此規定旨在針對中國，然而對我維護固有領土疆域之釣魚台，無形產生弔詭之局面，對台灣深為不利且無奈，然而台灣為求生存就必須有獨特之戰略思考，例如力求相關台灣議題之國際化，或可在特定之時空環境下為自己創造理想之發展空間，俾使台灣能在國際政治浴火重生，就台灣外交而言，以往由於駐外人員訓練不夠，加諸長年來政策扭曲與政黨輪替不斷等諸因素，以致我外交人員在兩岸外交休兵之框架下，已不知為何而戰且無法發揮能征善戰之應有潛能，今後為開創新局發揮最佳之效能，務須強化自身外交領域之視野與運作技巧，尤其加強情報蒐集與研析、談判技巧、決策分析以及危機處理等諸基本戰力。

第一節　情報蒐集與研析

　　鑒於未來之戰爭已提升為資訊戰（Information warfare），當前各國均積極推動其網路戰力（cyber capabilities），中國近年來在網路情報戰之能力業有長足進步，他們一向視國防與情報係「兩條永不熄火之戰場」，反觀台灣有先進之資訊科技與人才，該柔性國力當可充分發揮，我外交人員之功能甚廣，駐節國外亦可扮演情報人員之角色，隨時基於國家利益之需要在海外為政府蒐集相關之情報，在此一領域以色列與南韓外交官之表現甚佳，情報工作攸關外交成敗與否，如何有效蒐集、分類、整理、分析、研判與運用情報殊屬重要，所謂情報係指任何重要資訊經審慎處理、鑑定，比對、研析、分發與執行等程序，該情報足以說明敵我情勢之對比以及未來發展趨勢，通常一個好情報之要件應包括人、事、時、地、物、因果、價值及來源等諸因素，同時必須具有完整、邏輯、確實、時效及祕密等特色。例如若台灣外交部及相關部會人員若欲掌握世界脈動與未來發展方向，2016 年 3 月 17 日英國「經濟學人智庫」（Economist Intelligence Unit）所公布 2016 年全球最嚴重之 10 大危機即為一具有參考價值之公開資訊。

《經濟學人雜誌》公布 2016 年全球最嚴重之 10 大危機如下

1. 中國經濟硬著陸。
2. 俄羅斯介入烏克蘭與敘利亞，引發新「冷戰」之發生。

3. 新興市場公司債務危機造成貨幣震盪劇烈。

4. 內外壓力加劇造成歐盟開始分裂。

5. 希臘退出歐盟與歐元區分裂。

6. 川普（Donald Trump）口無遮攔言行怪異，2016 年 11 月當選美國總統必將令世人不安。

7. 聖戰恐怖主義威脅升高，以致造成全球經濟不穩定。

8. 土耳其投票退出歐盟（EU）。

9. 中國擴散主義導致南海相關國家之武器競賽與衝突。

10. 石油產業投資銳減，對未來之油價造成衝擊。

就情報蒐集而言，往往情報之來源可概分為下列六類

1. 由國內外學術界、研究機構與相關智庫（think tank）定期或不定期所發表之研究結果。

2. 由新聞媒體、電視台與廣播電台及其名嘴所透露之消息。

3. 由行政部門所發表之公報、新聞稿、記者會或政府官員所公開對外發表之言論或接受訪談之內容。

4. 由中央與地方各級政府、立法院、監察院與地方民意機構及利益團體等機構之成員在聽證會或質詢過程所表達之言論。

5. 由中央銀行、主計總處、財政部與經濟部門所公布有關經貿之資訊與統計數字及其預測未來發展之報告。

6. 司法與檢調部門所作出判例及其相關揭示之資訊。

7. 透過互聯網（internet）與臉書（facebook）所提供之大量數據，取得符合業務所需之訊息。

情報蒐集與研析應注意之事項如次：

1. 情報處理作業之循環圖：

情報蒐集（公開與祕密）

↓

分類、登記、鑑定與分析評估

↓

情報之編審及分發有關決策人員

↓

因應決策或可行方案之利弊得失研判

↓

交付執行單位

↓

追蹤與檢討

2. 情報蒐集略可區分為公開與祕密等兩種方式：

(1) 公開方式──旅行、參觀、新聞記者會、說明書、聽證會、質詢、會議、簡報、通訊及閒談等方式。

(2) 祕密方式——竊取、竊聽、截譯、反間、女色、賄賂、臥底及內線收買等方式。

3. 情報蒐集之基本原則與要求：

(1) 基於政策目標、供需原則、工作需求以及投資報酬率之考量進行情報蒐集，務須考慮避免人力物力與金錢之浪費。

(2) 應就情報工作人員之業務範圍與能力所及作一合理分配從而減失工作之重複、膨脹及非必要性。

(3) 情報蒐集人員應有積極、機警、堅毅、忠誠、保密與忍耐等特質。

(4) 力求不斷加強情報人員之訓練，並把握時效原則務須避免誤判情勢。

(5) 造成情報錯誤之主因包括無知、主觀、欺騙、搶功、偏見、誤導、曖昧不清、過度自信以及情緒失控等原因所導致。

(6) 情報之整理與分析旨在查核資訊之真實性、可信度與時效從而去偽存真，往往許多情報係屬片面、不完整、誇大、虛假、偽造甚至被誤導之資訊，吾人務應審慎地去鑑定與查核，惟吾人仍務須瞭解欲掌握所有資訊係屬不可能之任務。

(7) 就談判層面而言，務須透過直接或間接方式廣泛蒐集情報，其範圍包括談判對方相關國家之政治狀況、財政金融情形、法律制度、宗教信仰、風俗人情，對方主談人之學經歷、政治立場、談判風格、性格氣質與個人興趣從而切實做到知己知彼。

4. **情報研析：**

情報研析工作比蒐集工作相對困難，它需運用智慧、學識經驗、想像及直覺等能力以評估情報之價值與正確性，基本上其分析工作可分為兩種方式：

(1) 情報來源之鑑定：

A.歷史鑑定法——依據以往之檔案資料與處理經驗加以判斷。

B.能力鑑定法——以蒐集人之工作能力及專業知識加以研析。

C.機會鑑定法——以蒐集人所處之主客觀時空因素加以瞭解或查證取得情報之可能性。

(2) 情報內容正確性之分析：

A.比較法。

B.可能法。

C.參證法。

D.反證法。

5. **情報處理不當之慘痛案例：1941 年 12 月日本偷襲珍珠港事件**

1941 年 12 月 3 日旅居東京之美國情報人員曾拍發一件極可靠且重要之極機密電報給美國中央情報局（CIA），該情報曾要求立即呈給美國總統處理，其內容攸關日本將於 1941 年 12 月 7 日前後偷襲珍珠港之計畫，籲請白宮及早妥為準備以免遭不測，惟因該情報送達時正值 12 月 5 日（星期五）下午，處理文件之情報官員缺乏警覺，隨手將它擱在辦公室之一個卷櫃內，以致 12 月 7 日（星期日）由日本山本五十六大將所策劃之偷襲珍珠港之計畫得以順利執行成功，當時日本共炸燬美國軍艦 18 艘、飛機 188 架，炸死美

國官兵 2,400 餘人，使美國在太平洋之軍力幾乎全部覆沒，然而該重要情報卻一直原封不動地躺在卷櫃中，直到 1945 年 6 月第二次世界大戰結束有關人員整理辦公廳文卷時赫然發現該資料，惟美國情報工作卻已鑄成了大錯，造成美國無以挽救之重大損失。

第二節　談判技巧與邏輯

　　吾人正面對著一個談判之時代無時無刻務須與國際接軌，談判係基於雙方之共同需求而產生，英國經濟學家亞當史密斯（Adam Smith）所著國富論（The Wealth of Nations）之基本論點即：如果雙方自願進行交易，除非雙方相信他們會從中獲益，否則交易不會發生，此即談判之真諦，

　　任何爭端或問題之處理理應以談判與協商方式和平解決之，談判學最高之指導原則乃「需要理論」，依照心理學之觀念，人類最主要之基本需求包括生理之需要、安全之需要、愛與歸屬感、受尊敬之需要、自我實現、求知之需要與美感之需要，因此談判乃基於滿足上述需求之動機而產生。近年來台灣發生人民上街抗爭之事件層出不窮引起社會紛爭不斷，因此我政府與企業界均非常重視培育國家談判人才，尤其當前台灣經濟發展已走向區域整合與跨國合作，具涉外事務與談判業務之相關機關諸如外交部、經濟部、陸委會、國安局、刑事警察局及外貿協會等亟需談判人才，因此 2016 年 4 月 24 日考選部因應行政院人事行政總處

之需求與建議，擬於 2016 年起在公務人員高等考試科目增設「國際談判組」。

談判基本概念

1. 談判之目的旨在從宏觀角度透過雙方溝通過程去化解衝突、解決問題、爭取權益、溝通理念、消弭歧見、爭取支持與加強人際關係甚至創造價值。
2. 談判者務須不但深入瞭解問題之核心而且知悉共同利益之所在。
3. 基於相互平等之基礎謀求共同利益。
4. 成功之談判目標係雙方均達致雙贏（win-win）之結果。
5. 談判之過程必須運用策略與有效溝通方能有所成。
6. 迄今世界尚乏一套金科玉律（golden rules）可做為談判必勝之準則，亦無固定之遊戲規則且無判定談判輸贏之價值標準。
7. 談判過程務須注意及對方之感受，善用同理心去接受對手不同之觀點，從而達致異中求同與圓融溝通之效果。
8. 任何談判若欲先預測其未來最終結果乃係不可能之任務（mission impossible）。
9. 洽尋共識促進相互合作，尤其營造雙方善意互信之氛圍最為重要。
10. 透過創意與彈性進行折衝與妥協以化解彼此間之衝突，即使談判過程遭遇到僵局，應瞭解如何突破僵局。
11. 雙方須通過不同之利益交換（trade-off）來追求並維護自身之利益。
12. 談判雙方在談判初期難免存有相互排斥與猜忌心態因而甚

難達致互信之關係。

13. 談判涉及人性（human nature）之互動與變化，吾人須透過學習與經驗之累積方能精益求精。

14. 談判者基於目標導向，其內心深處均存有高度競爭之心態。

15. 談判之最終目標乃在於創造雙贏之結果，絕非係「零和遊戲」（zero-sum game）。

16. 談判係給與予（give and take）之互動過程。

17. 談判過程須持以高度之耐心。

18. 談判須視主客觀情勢之變化而隨機調整其戰略與戰術。

19. 談判者往往係在最高目標與最低底線間達致妥協之道。

20. 談判結果所達致之協議必須切實執行，否則後果不堪設想，例如 2016 年 6 月 24 日華航空服員罷工後，雙方簽署 7 項協議，惟華航有 5 項跳票，以致事隔 3 個多月，華航空服員再度走上街頭抗爭。

談判之階段

談判係一個動態且互動之過程，在整個過程約可分為十個不同階段如次：

1. 談判需要──談判之前提係兩造基於彼此需要之動機而成立。

2. 準備工作──蒐集情報、知己知彼、瞭解談判情境、組織團隊、確定所將使用之策略與戰術以及安排後勤支援俾談判團隊處於身心最佳狀態。

3. 風險評估與應變措施之準備──在談判前談判小組成員必須進行內部之腦力激盪並允應事前思考倘談判失敗所可能引起之後果，從而研擬應變計畫。

4. 擬定談判議題——設定議題（agenda-setting）並考量人事時地物等因素。

5. 修正談判目標與策略——俟進行情境模擬演練後對原目標與所設定之上下限應做些彈性修正，並準備若干個不同的談判方案。

6. 進行實質談判——進入運籌帷幄討價還價之過程。

7. 對談判主題進行確認——談判雙方在談判過程之攻防戰難免會有爾虞我詐之情事發生，因此會就對方之想法產生諸多疑慮，雙方必須不斷進行了解與確認之工作。

8. 妥協——為達致雙贏目標，允宜打破僵局彼此進行讓步。

9. 談判結束——雙方若已表示有妥協或讓步之意願，即應作結束談判之準備。

10. 談判者在簽署協議書前，必須仔細研讀協議之內容以及文字之周延性並評估今後執行之可行性。

　　談判係一個極其艱辛之工程，它必須付出時間、精力與資源，談判前之準備工作應係一項持續不斷之工作，它亦係決定整體談判成敗與否之關鍵因素絕不容忽視，吾人必須瞭解問題為何（What is the issue）？事實又如何（What are the facts）？這個問題對於結果有何影響（What is the impact of this issue on results）？以及我該針對對方之回應做何準備（What are the anticipated responses I should prepare for）？

談判前之準備工作

　　凡事豫則立不豫則廢，在展開漫長談判之前似應注意以下各點如次：

1. 妥善安排相關準備事宜——務須先了解對方所派之代表團成員名單、職銜、談判風格、談判時間與地點等相關資訊俾我方得以採取事前之因應準備。

2. 情報蒐集與研判——孫子兵法云:「知己知彼百戰不殆」,在談判前吾人必須充分掌握相關情報,應該設法了解對方之談判目標、底線、價值觀、態度與未來發展之趨勢以及所可能受到之限制,從而針對其弱點尋求突破,如此我方勝算之贏面亦將相對提高,至於情報蒐集工作務應注意情報來源之研析與情報內容正確性之研判。

3. 設定談判目標——在談判前允宜先舉行至少兩次以上之行前會議以進行腦力激盪(brainstorming)以激發出智慧之火花,俾對談判時所可能遭遇之各種情勢有所準備,進而進行敵我雙方所處情勢之研判與分析,同時對談判之目標產生共識,該目標分為三個層次:最優先期望目標、可接受目標以及最低限度目標。

4. 探求敵我雙方所面臨諸問題(issue areas)之所在——談判之目的乃在排解問題,尤其在危機談判時務須力促危機情勢之下降避免其升高,因此談判者應運用智慧面對現實並運用動態眼光去研判問題以確定「敵」我雙方所共同面臨之問題、雙方之差異與歧見以及彼此利益衝突點,以利彼此尋求解決因應之道,在研究調查之過程必須從客觀實際面出發以洞悉事務之真面目。

5. 充分授權——談判者在進行談判以前務應先分別會晤其機關首長以及相關部門之主管,從而針對相關問題請示意見,並獲得他們充分授權,至少完全了解上司之立場與底線。

6. 聘請法律顧問參與整體工作——所謂「聞道有先後,術業有

專攻」，談判經常與法律層面之考量息息相關，因此在小組成員中應安排一名律師或法律顧問同行以利備詢或就近研擬方案，同時對於談判主體所涉及之專業領域亦須洽請相關專家學者出席，主談者亦須以受教者之態度虛心請教這些專業人員。

7. 全盤規劃——對於談判所需人力、預算、知識、技術與保密傳真工具進行成員之分工授權與採購、談判主體代號及暗語之擬定以及對談判有關之各因素均列入規劃之範圍，俾能從容應戰。

8. 因應新聞媒體——指派一名較資深穩重且反應佳之成員擔任發言人並讓該員參與機要充分瞭解談判之進程與結果，同時授權他在談判到某一階段時主動就不涉及機密之範圍坦白地向新聞界解說談判之背景與經過，若運用得當，將可塑造外界對我方表現之良好形象。

9. 把握人性因素——在談判之過程雙方當事人所面臨之壓力均甚殷，例如容易生氣、挫折、憤怒、緊張、遲疑、尷尬、沮喪、洩氣、悶悶不樂、情緒化、疑惑與不確定等人性弱點均易於浮現，因此吾人務應從現實層面去認知主客觀之現實必須保持冷靜絕不可衝動，並對雙方所面臨之共同利益及衝突利益有所區隔，進而估計風險與代價（risks and costs）俾尋求解決方案，同時在面臨僵局時允宜適時運用第三者之調解從而以超然立場解決問題。

10. 談判結果務應簽署協議或備忘錄——鑒於書面記錄具有形展示、長期保存與法律約束力等諸優點，因此俟談判結束後應由雙方共同就所達致之結論簽署一書面之文件以作未來執行之依據，惟該文件之內容必須條理清楚與周延，談

判雙方對該文件之內容務須謹慎查對，絕不可陷入對方文字之陷阱中。倘若對該文件存有意見時，我方則不妨將附件與書面修正見解列於協議之後，並注意執行該協議之時間因素亦應一併列入。

11.把握對我方有利之談判時機──老練之談判者往往對談判之時間因素非常講究，因為某些良好之談判時機稍縱即逝，倘若能把握時機，談判者較易於發揮其效能，此乃運用之妙存乎一心。

12.爭取對我方較有利之地點與時間進行談判──談判地點及其環境選擇與談判結果關係甚為密切，在理論上在自己國家進行談判較能擁有「地利」，並能節省旅途時間與體力之消耗，尤應避免在對方辦公室舉行談判，惟在實務上談判雙方較傾向輪流作東或選擇一中立國或中立地對雙方較為公允。此外，不宜在抵達對方國之首日進行談判，蓋因時差因素較易影響談判效果。

13.後勤支持之配合──談判係屬一高度心智與體力之消耗戰，因此任何食衣住行育樂等因素均與談判者之表現息息相關，在談判過程中行政人員務須對談判團隊所有成員提供妥適之後勤支援，確保談判者無後顧之憂方屬重要，同時亦須注意保密工作、反情報工作與同步翻譯之提供。

14.掌握議程擬定之參與權──鑒於談判之時間甚為寶貴，因此掌握談判之議程殊屬重要，絕不可任由對方獨斷獨行，務須掌握自己所關切之談判議題均已納入議程。

15.民意支持──利用民意之支持或反對作為談判之籌碼以促使對方諒解或同情我方之立場與觀點。

16.談判團隊之成員──在洽覓成員之過程除允宜考量其專業

與外語能力外，亦應注意其人格特質，諸如抗壓、積極主動、團隊精神、樂於學習、心胸開朗、反應靈敏、樂觀合群、創新思維與尊重不同文化之態度等。

16. 拜會活動——我談判代表團抵達會議地點後，首先應拜會大會祕書長及祕書處重要人員以建立良好之工作關係，同時亦應拜會主要國家與我邦交國之代表團，從而就相關議題交換意見或進行相關洽助事宜。

重要國家之談判風格

不同族群各有其不同之民族性與特殊之談判風格，若談判時能掌握其談判特性必能因勢利導，就談判風格以觀，英國人較會裝模作樣且注重細節與文字，美國人性格開朗直率且具有幽默感與隨興，惟有急躁、不夠細緻、耐性不足以及態度霸氣與強勢之缺點，中國人由於受到意識形態與悠久之歷史文化因素影響較偏好「重視原則」與「愛面子」之特色，猶太人則有「斤斤計較」與「拐彎抹角」之傾向，新加坡人有「整批交易」、「怕吃虧」與「怕輸」之習慣，阿拉伯人比較「善變」且存有「猜忌心」，他們推崇「男尊女卑」之觀念亦較無時間觀念，非洲人似較「重視近利」不懂「議程之陷阱」，日本人進行談判時較拘謹且一絲不苟，談判前之準備工作做得十分充分而且對議題之研究非常深入，日本人之團隊精神亦較強烈，他們較喜歡打「馬拉松戰術」，盡量拖延談判時間使得對手失去耐性因而暴露其真面目，日本人談判特質似顯狹隘、無情、刻薄與難纏，日本人喜歡利用喝酒與唱卡拉 OK 時去瞭解對手之偏好與需求，義大利人係一個非常情緒化之民族，他們熱情而浪漫，惟有「喜怒無常」之傾向，談判

時經常不守時，言談過程間喜歡用手勢去表達內心感受，倘生氣時其表情近乎瘋狂，德國人做事較為自負嚴謹認真，其優越心態與邏輯思維能力較強，凡事據理力爭考慮問題亦非常細緻，談判時非常嚴肅就事論事正經八百惟較死板與「缺乏靈活性」，亦不容易讓步令對手非常頭痛，至於法國人之人情味較濃天性浪漫且有樂觀主義之傾向，在談判時較喜歡「為爭論而爭論」，往往談判易拖延許多時間，因此必須適時友好地提醒對手回歸正題，瑞士人則較迂迴轉進，不會立即表明自己立場而且行事略保守圓融，希臘人較隨性且不守承諾，談判僅係一種工具與程序不在乎結果，至於台灣人之談判風格則較注重傳統、時效與務實，惟抗壓性與創意較不足，同時獨立判斷與英語表達能力亦嫌不夠，加諸台灣人民族性似有不在乎、無所謂、沒關係與草率之習性，缺乏談判應有之精準與嚴謹。

談判之技巧

　　談判之所以被視為一種「藝術」，因為古今中外尚無法找出一套金科玉律加以規範，且其談判結果往往具有其不可預測性，任何策略與技巧均須因時因人因事因地而制宜，而且成功之道乃在於不斷學習與反覆地實踐，所謂談判技巧係指談判過程中的一些策略，通常老練之談判者就宛若「變色龍」易於靈活運用各種不同之技巧以達致目標。

　　至於談判技巧而言，從談判學之理論與實務吾人似可演練以下諸「贏的策略」：

1. 發問係談判時蒐集情報最直接且有效之方法，若對手不透露實情，亦可以旁敲側擊去問許多相關問題，然後再歸納出一

些情報，發問時經常使用6個W及1個H即：為什麼（why），那裡（where），何時（when），什麼（what），誰（who），那一個（which）及如何（how），俟提出問題後必須冷靜地觀察對方之反應，回答時除非完全了解問題，否則不宜貿然作答，最妥切的答覆方式採條件式之答覆即倘若……則（if……then）之架構答覆，俾己方永遠能保留彈性則可攻可守。日本人際關係學者鈴木鍵二認為「善於傾聽係正確判斷與決定自身行動之基礎」，在商務談判中要學習如何去傾聽，不但要能聽出對方說什麼，還要知道對方遺漏些什麼，同時亦應該試圖去瞭解對方之意圖，當你回答問題時盡可能不用肯定詞從而不向對方暴露自己之意願，惟我方應試圖套出對方之立場。

2. 談判時設法運用某些理由促使對方成為不合理或弱勢之一方，在小地方不妨做些讓步，惟在主要實質部分要求對方讓步，即採取「退一步進兩步」之策略，設法使對方成為被動之一方。

3. 在談判過程中倘若己方團員表示要進行內部磋商，或發現新情勢迫使己方須對策略進行修正，或團員深感身心交疲，或情勢變遷對本身不利時則必須立即要求休會，此若足球賽或棒球賽當中教練視情況喊暫停一般。

4. 如果當談判之議題無法在短時間內做一通盤之解決，則談判者應將它分成幾個階段或若干部分分別解決，即採用「義大利臘腸途徑」（salami approach），致使雙方得以先擱置較困難議題，從爭議較小或次要之議題去著手以避免談判陷入僵局，並可逐步地尋求讓步與妥協。

5. 在談判團隊之成員納入專家以增強自己在現場表達談判論

點之權威性，而談判資料準備包括各種統計表格、市場調查報告、照片、錄影帶、投影片簡報（powepoint）及幻燈片等有關數據之提出，均可增加我方論點之說服力。鑒於吾人業已進入資訊與大數據時代，一切事務之處理均以數據為準，然而華人社會一向輕忽數字，往往以「大概」或「差不多」等抽象觀念代替具體數字，此乃談判一大禁忌。

6. 在談判過程中為削弱對方之氣勢，則可要求縮短談判會期，或提出新議題、中途更換談判代表、邀請專家臨時參與、提出新數據或資料、或要求增加談判次數等以增加對手之心理壓力。

7. 當談判情勢陷入僵局時，在談判宣布破裂之前，則可考慮洽請第三者居間調停或仲裁代為協調兩造間之爭執。例如新加坡與馬來西亞兩國間多年來懸而未決之雙邊衝突之問題包括水源供給、馬來西亞鐵道公司在新加坡之土地、丹戎巴葛關稅暨檢疫站搬遷、西馬公民提早領取新加坡公積金以及新加坡空軍飛越馬來西亞領空等 5 個問題，新加坡政府一向主張採取整批交易（package deal）方式進行談判，然而馬來西亞則表示該方式談判中有許多課題甚難解決，因此他主張新馬雙方應該選擇從最簡單之課題下手，把最複雜之問題則留在最後處理，倘若這些課題仍無法解決，雙方屆時則必須將該問題交由美國或澳洲第三者調停或仲裁以尋求解決之道。

8. 在自己處於強有利之談判地位，或己方試過其他方法談判仍毫無進展，或自己已退讓至底線，寧願談判破裂亦不願進一步讓步之情況下，可以堅定明確且毫不含糊之態度向對方提出最後通牒（ultimatum），設定最後期限要求對手接受讓步

條件，否則宣告談判破裂以迫使對手妥協。

9. 利用談判團隊不同成員以不同之角色與對手談判，其中一位扮黑臉持強硬立場並運用威脅之手段甚至突然動怒出奇制勝，另一位則扮白臉持溫和態度以緩和氣氛取勝，以這種「嚇阻與妥協併用」（both stick and carrot）之黑白臉戰術以軟化對手之立場，並進一步了解對方之矛盾與弱點俾重點突破。

10. 當雙方在談判之伊始對方就提出議程或程序問題僵持不下時，我方不妨多花費心思冷靜地觀察對方提議之癥結所在，並透過反問方式以瞭解對方所陳述之真實涵義，從而探測對手之目的、優先順序、策略及其底線，此一情報對知己知彼甚有裨益。

11. 任何談判均涉及利益分配與衝突之妥協，因此談判者務須善於控制自己情緒，不為外界干擾或激怒所動，必須冷靜處理忍受衝擊。美國哈佛大學法學院談判學教授 Roger Fisher 在其名著「Getting to yes」中曾提出「原則式談判法」（Principled negotiation），他強調在談判過程應就「人」與「事」分開，並將「立場」與「利益」予以切割，一切以客觀之標準進行理性協商。

12. 談判過程應努力避開對手之鋒芒，使雙方趨向協調合作，並認真地體諒對方之立場以及關注對方利益以爭取互信與好感，試圖縮短彼此間之信任差距,尤其在談判之開場白階段允應與對方建立良好互動關係，進而了解對方之特點、態度、技巧、作風與意圖等。

13. 把握高度的耐性利用時間換取空間，態度上必須冷靜與淡定，喜怒不形於色，絕不能表現出「猴急」之態度，以免被對方予取予求，在談判之過程中似可靈活運用上洗手

間、身體不適須休息，提出須進一步瀏覽相關資訊、或臨時更換小組成員等藉口要求暫時休息（break）以爭取足夠時間，俾使己方得以從容不迫因應新狀況。凡此種種若時間策略運用得當可以化靜態之談判為動態，基本上所運用之策略尚包括以下五個方法：

(1) 忍耐——當時不立即回答而延緩答覆或做決定，此亦即所謂之「冷靜期」或「冷處理」俾使自己保持冷靜並給雙方都有充裕時間去思考。

(2) 出奇制勝——採取突然改變方法、爭論或提議，例如在平靜之談判氣氛中突然藉故發怒從而帶來特殊之效果。

(3) 獨斷獨行造成既成事實——談判者僅基於本身之利益與目標，且不顧及對手之想法與立場，逕行採取單方面之行動以造成極高，因此事前之評估非常重要。

(4) 表面撤兵——此策略含有容忍、自制與詐欺在內，其目的在使對方以為你已取消某些計畫或行動，惟事實上你卻還在暗中活動仍然控制著情勢，例如美國許多公司收購股權之案例即採取是種策略，以達到退一步進兩步之目標。

(5) 故布疑陣——談判者表面上採取某種行動，惟暗地裡卻轉移對方之注意，或故意強調許多不重要之部分以造成對方錯誤之印象，或自行先在外傳播一些空氣以觀察民意之反應並影響對手之認知。

14. 為增強我方之說服力，似可適時向對方提供相關數據與具體事例，從而清晰地呈現出我方提案所帶給對方之相對利益，是舉可無形地向對方施壓並迫其妥協。

15. 當實質談判逐漸陷入僵局或當談判導入不利我方之際，我方可斟酌當時狀況採取「以退為進」之策略，適時主動提出小幅度之讓步，惟絕不能讓對方誤認為我方軟弱，且不能因讓步而損害我方議價之地位，至於讓步之技巧乃在於時機之把握，每次讓步須先做成本效益之評估，採取漸近逐步式之讓步而且必須讓對手瞭解我方所以讓步之理由與我方所付出之代價。就實務經驗以觀，打破談判僵局涉及諸多面向之考量似可嘗試思考以下諸方法：

＊主動提出建設性方案勿使僵局惡化。

＊消除不確定因素。

＊改變對方要求之時程。

＊調整談判重心。

＊洽尋一個中間調解人。

＊安排雙方高層領袖會晤。

＊共同設立一工作小組另行研擬對策。

＊撤換談判代表。

＊改變妥協條件。

＊強化彼此間之互信。

＊改變談判議程。

＊運用媒體與第三者迂迴向對方施壓以達致目標。

＊努力尋找雙方所認同之判斷標準。

＊運用創造性思維去瞭解對方立場。

＊檢討我方所訂之目標是否不切實際。

16. 談判者有時亦可針對某些問題，從不同角度或層面（perspectives）去切入，俾讓對手能順著我方之思維去考慮問題，從而化解對方之反對意見。

17. 談判者倘實力處於較弱之一方，應克服本身心理障礙，擺脫內心緊張情緒，蓋因談判雙方在法律地位上係屬完全平等，我方應利用對手輕敵之心態，力求在專業知識或策略方面取勝對方，同時實力較弱者應刻意創造模糊保持彈性從而增益自己之談判籌碼立於不敗之地。

18. 從心理學觀點吾人若欲說服他人，務須基於「滿足對方需要」之角度去分析並設身處地去了解對方所關心事項，簡言之吾人須先揣摩對方之需要與目標，進而試圖提出解決方案，雙方再就該方案之利弊得失進行共識工作，最後方能達致相互配合之結果。

19. 談判時無論在眼神、腔調與行為語言均應避免直接且正面地指出對手之錯誤，或全然否定其所有論點以造成「對抗性衝突」。同時基於人性之觀點，吾人必須體認每個人之人格特質均難免有武斷、偏見、固執、自負與嫉妒之缺點，因此在陳述一件事務時，盡可能使用中性字眼諸如「我想像」（I imagine）、「我假設」（I suppose）與「依我個人淺見」（in my humble opinion）等措辭從而使談判之氣氛為之圓融。

20. 談判係一短兵相接之戰場，吾人應視它為一互惠之合作事業，力求與對手建立一種工作夥伴關係（working partnership）以利共識之建立，雙方應把握著「凡事好商量」之想法，互相應針對「共同利益」做出適當之讓步，但是讓步絕非一輕率之行為，必須掌握手段與目的之關係以及利用好時機作出一些無損己利且互惠之讓步，真正之關鍵乃在於每次我方讓步後亦應要求對方做出善意之回饋（feedback），吾人務應避免切斷對手之後路，致使其無轉寰餘地。

21. 在不對稱的談判中倘若己方之實力較弱，為削弱對手之氣勢，則可頻頻試打「變化球」令對方捉摸不定，諸如提出新的議題、指責對方拖延時間、釋放國內輿論不支持我談判立場或要求再增加談判次數甚至臨時要求改變談判地點等藉以不斷增加對手之心理壓力。

22. 談判陷入僵局乃談判中常見之現象，往往談判者會利用僵局作為達致目標之手段，藉以試探對手之決心與毅力，因此吾人絕不可視僵局為一種失敗，它或許係談判成功之轉化契機，理想之談判者在面臨僵局之際，務須擁有開創性思維，隨時洞察形勢之變化，將問題化繁為簡，並以積極樂觀正面思考之態度，同時善於處理有關之矛盾並能在強勁壓力下自我調適從而打破僵局因勢利導。

23. 談判者之表達能力影響談判成敗甚鉅，優秀之談判者之發言易於觸動對方之心靈（touching your heart），啟發對方之想像力（inspiring your imagination）並能充分表現出自己內在之感受（expressing your feeling）。

24. 鑒於美國之公關遊說文化頗為盛行，凡涉及台美談判時我應考慮運用在美之公關公司為我運作並蒐集相關資訊以利我談判之參考。

25. 談判宛若玩梭哈博弈遊戲一般，在叫牌加注之過程中，雙方爾虞我詐，示弱誘敵深入，虛張聲勢唬人蓋牌均為常見之招式，旨在赫阻對手或擬通吃賭注，惟若我方仍不為所動，最後勝敗之關鍵乃在於談判者手中所握之籌碼與所運用有效之技巧而定。

26. 由於談判係在高度動態之過程中進行，因此戰術必須保持靈活與彈性，以因應瞬息萬變之情境，惟戰略方向必須清

晰目標務必明確，所以必須設立談判指揮系統，以隨時監控談判之進行，並做必要之戰術調整。

27. 談判前應要求對手提供談判代表姓名和職銜，取得後可向業界或同行詢問有關對手談判代表之背景及交手經驗，尤其應瞭解對手係新手或經驗老到，對手係激進派或溫和派以及對手之組織文化係屬官僚氣息較重者抑或係較富創意之組織。

28. 美國前國務卿季辛吉（Henry Kissinger）曾有一句名言：「含糊不清亦有其作用」（Ambiguity serves its purpose），在中美建交談判之過程，雙方為台灣問題爭執不休，季辛吉即以「同意彼此不同意之看法」（agree to disagree）一語帶過雙方所爭論之敏感話題，足見談判時亦可彈性地使用模糊不清或模稜兩可之語言來表達擬迴避或避免觸及之問題從而避免僵局之產生。

29. 談判係給與予之互動過程，基於成本效益與比較利益之考量，讓步（concession）乃屬無法避面且必要之手段，惟必須注意以下之運用技巧：

    ＊符合互惠原則。

    ＊採取漸進式之讓步，且其時機須恰當。

    ＊必要時採最後通牒策略，給予對方最後期限予以讓步否則宣布談判破裂。

    ＊向對手解釋我為何讓步，並強調讓步不代表懦弱，對方絕不可視為當然。

    ＊讓步之前我方談判團隊應先行進行評估以決定我方合理化解釋說詞，絕不要做無謂或沒有代價之讓步。

    ＊掌握人性同情弱者之心理。

＊掌握在最後階段或僵局結束前讓步。

＊讓步之結果必須有利雙方未來之合作關係。

＊所做讓步之細節必須列入記錄備查。

30. 談判技巧尚須注重行為語言（body language）之意涵，例如談判時允宜懂得視線接觸、傾聽、肢體語言與臉部表情之配合等，成功之談判者較會察言觀色，尤其會注意對方之臉、嘴與眼睛，例如眼睛閃爍不定或四處張望者，是種人往往較不誠實，對手把頭垂下則表示他對你所講的話毫無興趣。

31. 應付不同型態之談判對手所應採行之因應策略如次：

＊應付強硬風格之對手時，他們較自信且態度傲慢，最佳應付策略即避其鋒芒，必要時以沉默態度予以因應從而削弱其氣勢，亦可採以柔克剛之策略以避免正面衝突，若時機成熟時亦可考慮採軟硬兼施之作法。

＊應付不合作型之對手時，必須採求同存異之方式予以因應，必要時可製造談判僵局以毒攻毒，從而使談判情勢複雜化，對方較易犯錯我方則可因勢利導。

＊應付詭計多端型之對手時，鑒於是種談判者之作風較不光明正大，常會運用詭計來誘惑對方，因此我方似可採取不斷更換談判代表之車輪戰策略力促對手筋疲力竭不知所措，同時亦可安排己方代表團之學者專家向對手提報專業性論點致使對手難以招架。

＊應付固執型之談判對手時，鑒於是種對手喜歡照章辦事且靈活性較差，傾向堅持己見並對新建議與新主張均採排斥之態度，因此我方似可考慮採取休會以及放試探氣球之手段，以改變其態度與觀點。

32. 利用對方媒體或第三人，使對方感受到我國內之政經壓力，有時或能達到談判桌上無法獲得之結果。

33. 利用宴會酬酢或較中立性場合，在無人注意時與談判對方進行溝通並達成默契，或能解決談判桌上在眾目環視下無法解決之問題。

34. 談判之成敗攸關諸多變數，尤其談判者難免會受到其本身理念、價值觀、過去經驗、情緒控制以及其談判風格等因素之影響，鑒於人類係「有限理性」（bounded rationality）之動物往往在談判判斷之過程易受到非理性因素之影響。

35. 往往許多國際談判非常耗時，例如 2015 年伊朗限核談判，美國等世界六大國與伊朗間之談判歷經 12 年方達致協議，又如台灣與日本間之漁業談判亦經過漫長 17 年之談判方獲致突破，因此談判者需持以高度之耐心。

談判者經常所犯之錯誤

整體而言談判者絕非聖人，談判者亦易受人性弱點之影響，難免會犯之諸錯誤如次：

1. 談判者本身對於談判主題與問題所在缺乏完整之情報或資訊以致認識不清無法提出妥當之解決方案。

2. 對於對方之意圖與期盼無法完全掌握。

3. 未能確切瞭解談判之癥結以及談判目標之優先順序。

4. 主管單位或所派遣機構對談判代表欠缺信心或授權（empowerment）不足。

5. 談判者及其團隊成員對談判標的物所擁有之專業知識有所欠缺。

6. 談判前未做過妥善之成本效益與風險之評估，因而對利弊得失無法做出一前瞻性且全盤性之預測。

7. 談判小組之陣容或過於龐大或過於狹小均無法完全發揮出團隊精神，談判若僅靠單槍匹馬硬幹絕對無法勝任，談判往往須 8 至 10 人之團隊，方能發揮「羅宋湯」之哲學精神，安排不同專業知識背景人員共同參與，彼此腦力激盪並分工合作俾達致集思廣益之效果。

8. 對於談判對象之人格特質、民族性或其談判風格不夠了解。

9. 談判過程過於重視面子問題，以致對若干主題過於斤斤計較令對方下不了台，以致造成談判僵局。

10. 在談判過程中產生誠信問題，以致對方存有疑慮或猜忌無法獲得互信。

11. 談判雙方實力不對稱時，實力較強之一方往往企圖向對方施壓並迫其就範，以致使弱方壓力倍增終難獲致協議。

12. 談判者絕不應參與違法行為或無恥地撒謊或濫用別人之信任。

13. 許多談判者在簽訂最終協議時一時大意馬失前蹄，以致在談判過程所作之努力付諸東流，因此在撰寫協議時，應當充分保障自己之利益，且勿掉進法律或文字之漩渦，基本而言談判協議具有法律效力，因此必須注意簽約人是否具有完全之締約能力與合法資格，同時須留意任何協議絕不能在威脅與欺詐之情況下被迫簽署否則該協議將屬無效，至於協議成立之形式與程序亦必須符合法定之要求。

14. 有些談判者不知如何在最佳狀態下及時結束談判，致使對手一拖再拖錯失良好談判結束時機。

15. 有時與對方所進行之談判係屬一種「假談判」，對手基於

某些不當之陰謀或存有不道德之動機，自始根本無意達成任何協議。

16. 當談判出現死結產生僵局時，談判者在高度之壓力下基於本能或面子易於與對手撕破臉造成敵對或做出情緒性之決定。

17. 談判者向對手之缺點進行人身攻擊或涉嫌種族歧視。

18. 談判雙方經常由於溝通不良無法建立相互信任關係導致不可避免之分歧。

19. 談判者邏輯思維混亂且欠缺主流價值之理念。

20. 無法充分掌握時間因素以致影響談判之進程。

21. 鑒於許多方案面臨之主客觀環境係屬動態多變的，因此談判者須審視解決方案是否合乎時宜與切合當時環境之所需。

22. 談判團隊之成員經常所犯之缺點包括遲到早退、自主性不足依賴心過高、自作主張不知先與同仁協調溝通、高談闊論嘮叨抱怨、不顧及團隊利益並扯後腿、掩飾問題、悲觀消極、漠不關心與缺乏紀律在會議中搶主管鋒頭擬取而代之，這些缺失成員務須謹記在心以免影響團隊精神。

23. 凡涉及經貿之談判，必須依據市場專業法則與經濟面之評估進行談判，若攸關國家安全之談判，則允宜超越以往特洛依（Troy）「木馬屠城」之狹窄觀念，而應以廣義安全之思維予以考量。

24. 談判情境千變萬化，談判者自當會面臨極大壓力，倘抗壓能力不足，就宛若高爾夫球手面對沙坑（bunker）攻果嶺前之心情未能放輕鬆甚至懷有恐懼感，其效果自然受到相當影響。

25. 在談判之過程談判者似應學習如何從對方之表情去看出其內心世界之變化，例如一個人以手托住自己的頭時表示他甚感困擾，倘他以手摸鼻子與嘴巴時表示他感到尷尬，當他目瞪口呆時表示他感到驚訝，若他低著頭斜眼看人則表示他充滿恨意或敵意等。

26. 導致談判失敗之原因除客觀因素外，亦涉及談判者在主觀方面所犯之專業知識不足、感情因素作祟、語言能力不足、思維方式過於侷限與僵化以及個性有欠開朗等問題。

27. 在談判過程未安排專人擔任紀錄以作為將來有爭執時之參考，即使有之必須與對方記錄人員核對紀錄內容，倘有出入應立即澄清，避免往後雙方各執一詞。

28. 談判結束後應立即撰擬電報或書面報告呈報所屬之國內上級單位，切忌報喜不報憂並避免誇張成果。

中國談判者之談判特色

美國自 1971 年夏天尼克森總統祕密派其國家安全顧問季辛吉潛經巴基斯坦造訪北京以展開中美關係正常化之接觸，終至 1978 年 12 月正式建立全面外交關係，在長達 8 年之談判過程，美國談判代表經常表示與中國人打交道時，其心情宛如坐雲霄飛車，因為中國談判代表有時會需索無度強硬鴨霸甚至頤指氣使，有時會施展出高來高去之細緻動作，因此美國人總認為中國談判者係一難以捉摸之對手。鑒於近年來中國之崛起，無論在戰略、軍事、經濟、政治與外交等各層面在國際事務扮演一亟重要之角色，因此中國談判之風格殊受大家之特別矚目，然而一般人根深柢固地對中國政權有一股莫名之恐懼與排斥心理，對其談判能力

亦有一種妖魔化之誇張認知因而易令人作出錯誤之判斷，對台灣而言，兩岸談判今後將係一個漫長且艱辛之工作，吾人務須對中國談判之風格有所掌握。

綜合美國官方人士與中國官員多年來談判經驗，他們認為中國官員談判特點似可歸納為以下諸點：

1. 對談判之準備工作做得非常仔細且能冷靜地掌握實質議題，尤其重視議題之設定，喜愛在某些非政治性議題中隱藏著政治問題，從而利用放出一些小惠爭取一些無形之政治利益。

2. 對以往談判之記錄瞭如指掌且善於用來向對手施壓。

3. 談判目標極為明確，他們喜歡在談判初期要求建立一個雙方同意之原則（principled stand），然後在這個基本原則之範圍內對其他議題展開協商，早期中國談判官員較傾向堅持「馬列毛思想教條」以迫使美方讓步，近年來似不再強調意識形態，惟當前兩岸談判仍非常堅持「一個中國」原則。

4. 認為談判過程必須保密而且務須減少媒體之曝光度，若對方利用媒體傳話，極易於引起中方極大反彈。

5. 運用各種不同手段讓對手處於守勢並讓對手無法控制談判進程。

6. 喜歡試圖要求對手同意在中國本地舉行談判從而完全掌握會談之氣氛。

7. 喜歡在對方談判代表中找出對中國較友善者，並先以極度人性化之接待與其培養私人交情建立友誼從而達成談判各個擊破之目標。

8. 會故意讓談判陷入僵局以了解對手之耐性與韌性，再由高層領導人出面打開僵局，他們採取緩慢且循序漸進之方式

妥協，且其談判最後協議通常要到談判之最後一分鐘方能達成。

9. 喜歡進行冗長之討論並採取拖延戰術以測試對方之彈性、耐性、決心與底線，在未完全摸清對方之立場以前，絕不會輕易暴露自己之立場。

10. 往往利用盛情款待致使對手沖昏頭並預作承諾，俟談判時則會挑起對方之錯誤或缺點讓對方有罪惡感甚至找藉口把責任歸咎給對手。

11. 不喜歡義大利臘腸式之談判風格，亦即在談判之初先拉高姿態，再逐步像切香腸薄片一般慢慢地妥協，他們反而較喜歡立即提出一個合理的解決方案一步到位，然後就堅持立場不變。

12. 中國固有的文化傳統與歷史經驗影響其談判行為至為深遠，中國人往往對西方人存有較複雜且矛盾之情結。

13. 基於情勢之所需，他們在談判之過程，經常會利用非常細膩之手法裝腔作勢威脅或嚇唬對方以作為談判之輔助手段。

14. 談判者較能很精確地掌握每一個談判階段之進程，尤對時程或節奏均能有所掌握。

15. 倘若中國談判者想避免談判破裂，他們會採用僵持戰術或先達成部分協議，惟對不擬妥協之重要問題則會採取保留立場。

16. 基於道家陰陽調合（ying/yang thinking）之哲理，談判者經常交替運用「黑臉」與「白臉」之策略以轉化談判氣氛為其所用。

17. 談判者往往均有極高之耐性，因此與中國談判絕不要期待很快或很容易就能達成協議，美國前國務卿季辛吉曾強調

中國之談判者極具韌性且敏銳，係屬務實之利己主義者。

18. 中國人之談判風格所存在之民族主義（nationalism）意識非常強烈，他們咸信在過去一百多年之歷史中國深受西方列強之欺凌與不平等待遇，以致他們內心深處存有某種程度仇外之情結。

19. 談判者喜歡找足以信賴之第三者居間傳話以做為溝通之橋樑。

20. 中國談判者非常冷靜、理性且具說服力，講話頗有條理，他們較重視國際禮儀、嚴守紀律以及注重談判細節。

21. 中國官場對於其官員位階之排名一向非常重視，往往在國際談判時，中方會堅持其座次必須依照其職位排名高低依序安排座位，絕不接受隨意坐之安排。

22. 談判者對「文字政治學」非常重視，尤其對談判結果之協議內容向強調其遣詞用字絕不馬虎，例如 1972 年 2 月 28 日中國與美國曾簽署上海公報，其中對兩岸關係之論述，「美國認知（acknowledge）在台灣海峽兩邊之所有中國人都認為只有一個中國……」，惟中國卻把「認知」翻譯為「承認」（recognize），又如台灣與中國在洽談 ECFA 之過程時，兩岸雖因不同之語言用字習慣，而在協議文字上各有堅持，惟最終仍在協議文本最後一段加註：「四份文本中對應表述之不同用語所含意意義相同，四份文本具有同等效力」等文字，此顯示兩岸談判團隊能在談判過程中，仍可相互激盪出可解決問題之方案。

23. 談判者對台灣事務均有充分之瞭解，且能統合所有力量與資源全力進行對台工作，例如中國外交部長王毅早於 2007 年 6 月 3 日出任中國國台辦主任與中國駐日本大使，他談

判風格相當揮灑自如靈活務實，在原則問題當硬則硬，在平時卻塑造親和之形象令人印象深刻。

24. 談判者所獲得之授權較有限，所以主談者無法做主必須向國內主管請示定奪，因此他們經常有個習慣會說：「這個問題我得回去研究研究。」

25. 中國人較重視面子（face-saving）即西方人之諺語「割了鼻子亦要保住顏面」（cut off his nose to save his face），若對手用言語羞辱中方，中國談判者一定會立即予以報復。

26. 中國人在官場與商場有句名言「有關係就沒有關係，沒有關係就有關係」，似可顯示「關係」（personal relationship）在中國談判中扮演相當重要之角色，而且亦係促進人際關係之利器。

27. 鑑於中國係一共產國家，往往在談判之過程，並無西方民主國家必須尋求國會同意與批准之程序問題，因此無立法機構掣肘之力量互相拉扯。

第三節　決策分析與判斷

　　就決策理論而言，吾人似可綜合 David Easton 之系統理論（system theory）、James N.Rosenau 之聯帶理論（linkage theory）與 Charles E.Lindblom 之漸進理論（incremental theory）等相關論點作為決策分析之理論架構或方法論，一個政府之效能貴在瞭解問題、面對問題與解決問題之能力，至於所採行之決策必須能確

實達成政策目標與全民福祉,然而最壞之狀況乃見樹不見林貿然片面採納某種對策,非但無法達致目標且陷入進退兩難之窘境,往往錯誤之決策會使當前之現況或處境更混淆與不確定。決策者之決策模式約略包括獨斷獨行方式與集體共同參與兩種方式,一般而言際此全球化與大數據之時代,任何重要決策均須決策者與諸多相關專業單位人員集思廣益共同創作以求其周延性、前瞻性與開創性,尤其在如何把握決策時機、全面思考、雙向溝通、朝野協商、凝聚共識、配套措施以及執行之優先順序等細節均需通盤權衡面面兼顧。就台灣而言,我國政府高級官員一向欠缺此方面之專業訓練,以致無法宏觀思考國家政策與微觀審視當前細節問題,往往決策過程與結果均荒腔走板,並造成諸多負面之衝擊,例如 2015 年 3 月底台灣是否允宜加入亞投行創始會員國一案,行政院與國安會彼此間似缺乏完整評估與協調,就草率向陸方提出申請,結果該案卻遭中國所婉拒,殊令台灣政府顏面盡失並引發諸多爭議。2016 年 1 月亞投行正式開業,我前財政部長張盛和再度去函洽詢亞投行首任行長金立群有關台灣擬再次遞件申請加入亞投行,惟一直未獲得陸方任何回覆,2016 年 4 月 10 日金立群卻在各地發言強調台灣非係主權國家,應比照香港按亞投行章程第 3 條第 3 款由中國財政部代為申請加入,我張前部長不得不於 2016 年 4 月 12 日表示台灣若無法以對等與尊嚴方式加入亞投行,我方勢必無法接受。若吾人以決策理論評估該案,充分顯示台灣政府在處理公共政策或外交政策缺乏客觀務實與周延之思維,當時並主觀上在馬習會之後對中國存有一廂情願之想法,決策者在判斷過程無法就台灣特殊國情做明智之決定以致錯估情勢一錯再錯令人氣結。

決策者之理性思維架構

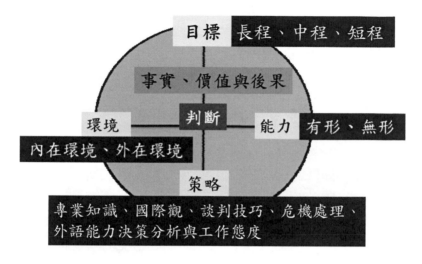

（圖一：決策者之理性思維架構圖）

綜合決策理論學者之論點與實務經驗以觀，吾人當可發現任何涉及決策分析所探討之內涵似有以下九個層面殊值注意：

1. 決策者——通常指實際參與並影響決策之人，若就中央政府外交部而言，係指部次長與負責政務之司長級以上官員，然而決策者本身之特質，諸如價值取向、國際觀、能力、處事技巧、人格特質、主觀意識、政黨傾向以及以往經驗均對其決策行為具有很大程度之影響，同時決策者對其所扮演之角色與所擁有之權力等因素亦應有所認知，決策者最重要之素質應秉持「治大國若烹小鮮」之精神。台灣政府往往傾向學者治國，然而學者之過度自信與執著理想且缺乏實際作業經

驗宛若瞎子摸象即使看到現象卻不察其理由，導致造成決策之錯誤值得警惕。

2. 決策過程——決策係一個錯綜複雜且連續不斷之動態過程，其過程之每個階段缺乏明顯之界線，往往該過程之運作情形攸關決策之品質，其中較重要之因素包括問題產生之背景、情報之蒐集與分析、目標之認定與其優先順序、選項之形成、可行性方案之探討、抉擇、遊說、政黨協調、立法、執行與政策評估。

3. 決策情境——環境因素涉及內在環境與國際環境等兩個層面，近年來政黨政治之運作、立法機構之監督與制衡、輿論與壓力團體之互動關係業已造成台灣政治生態丕變且均會深切影響相關決策之形成。

4. 判斷——在當前瞬息萬變之時代，任何決策均無法量身訂做，決策者務須面對變動不居且充滿風險之情境，通過價值判斷、事實判斷及後果判斷之過程，去審慎思索問題進行行動方案之選擇，該判斷力須能洞察問題癥結、掌握成本效益分析與預測未來發展趨勢之能力，例如外交部黃前部長志芳處理 2008 年巴紐案因判斷錯誤以致去職並貽笑國際社會。

5. 特殊國情——不同的國家之決策由於其國情、政治文化、官僚體系與戰略思考而有所不同，尤其台灣目前仍屬分裂國家，基於國家安全之考量，決策者思考之層面較其他國家相對複雜，由於兩岸關係敏感、國內獨統之爭不斷、中國從未排除對台灣使用武力，外交孤立以及台灣財政困難等因素致使台灣與一般國家迥異，同時就綜合國力以觀，台灣僅屬「中級強國」，因此在是種主客觀條件下，台灣決策者面對一個

非常嚴峻之情勢，難以隨心所欲自由發揮，因此我國決策者之素質與因應態度格外重要，對所有重大決策必須強調在穩定中求發展，並兼顧國家安全與國內政治之平衡考量。

6. 集體決策（group decision）的模式——絕大多數公共政策係採取集體決策之模式去做決定，例如台灣新政府 2016 年 10 月 3 日蔡總統成立「九人小組之執政決策協調會報」即為顯例，從而結合府院黨團與地方為一體共聚一堂集體決策。據統計台灣中央機關首長與司長級官員每天平均須用 20%以上之辦公時間參加會議，然而許多會議徒具形式意義，蓋因其會議往往議而不決或決而不行殊屬一種浪費，按會議旨在達成共識，然而如何獲致共識卻成為會議中之殺戮戰場（killing fields），例如當前總統府國家年金改革委員會正在上演之戲碼，共識之達成確為一個棘手問題，集體決策之優缺點參半詳如下列表（見表一），針對集體決策之優缺點仍有許多改進之道如次：

(表一)

集體決策	
優點	缺點
A. 所彙整之資訊較完整	A. 較寡頭決策費時
B. 擁有較多之專業人員參與決策	B. 責任模糊且成員易於形成小組織相互自保
C. 藉腦力激盪以分享各層面之經驗與觀點	C. 易受到少數菁英分子所壟斷或自我吹噓
D. 強化合法性與正當性(justification)	D. 面對服從長官之壓力
E. 易於研擬較多之可行方案（alternatives）	E. 群體迷思（groupthink）較易影響個人智慧之表現與發揮
F. 所提出之決策較易為外界所接受	F. 傾向建立意見一致之假象

＊每次會議主席須先檢討前次會議之決議執行情形。

＊允宜利用決策模擬與兵棋推演等分析工具以瞭解對手之思考模式，以利我方之準確判斷。

＊善用資訊科技建立知識管理機制以提高決策之品質。

＊重視以網際網路（internet）與電腦輔助決策之運用。

＊利用腦力激盪（brainstorming）去鼓勵參與者自由自在地發表個人意見並激發與會者提出具有創意之見解。

＊集體決策之群組似以 7 至 10 人左右最能發揮效能。

＊要求每個參與者必須在會前有所充分準備，同時須針對「問題與前瞻」（issues and prospects）提出口頭與書面具體報告或建議。

＊運用電子會議（electronic meeting）之方式進行會議從而突破時空之限制。

＊在會議前先透過多回合匿名問卷即所謂之「德菲法」（delphi method）去尋求成員之共識。

＊決策者與所有成員應共同塑造出一種命運共同體之意識，對於任何決策之成敗應擁有休戚與共之榮譽感與責任心。例如上述蔡總統之「執政決策協調會議」誠存有其優缺點，其後遺症係今後或無法避免地致蔡總統置身爭議之最前線並捲入各項紛爭，從而失去元首原有之高度與緩衝。例如 2017 年初所倉促推出之「一例一休」即為一顯例，該政策非但造成物價上漲，更引發各類服務不斷縮小，徒增諸多民怨，是種躁進之決策顯與民意背離甚遠，缺乏效益與可行性評估。

＊至於重大政策之評估，似可考慮採用電腦情境模擬方式以掌握參與者心理認知與行為決策模式。

7. 有限理性（bounded rationality）之觀念──傳統福利經濟學家諸如 Frederick Taylor 主張理性決策模式（rational decision-making model），他認為決策者為達致經濟利益與價值極大化，任何決策應建立在社會效用函數與生產可能曲線之均衡點上，因此決策過程必須完全客觀與邏輯，而且務須清楚地界定問題，釐清所有成本與效益之分析，並具有明確之目標，因此 Taylor 主張決策者可充分運用所有方法去達致預期目標，且其結果必將趨於完美。然而政治學者賽蒙（Herbert Simon）則辯稱在現實世界（in the real world）由於大部分之決策係在資訊不完整與情境不確定下所做的，同時大部分決策者或決策參與者本身之專業知識與技能相對有限，無法處理與解析大量之資訊以做出完美之決策。在輿論、利益團體與立法機構之壓力下，絕大多數議題為顧及現實，不得不在有限時間內作出之決策因此僅能達到「差強人意」或「不滿意但可以接受」之方案，因此決策者在本身主觀條件與外在客觀環境因素以及官僚組織束縛之影響下，決策者之表現充其量僅屬「有限理性」之行為，決策者往往被迫只能遷就於有限的規劃方案，從中選擇「較為滿意之決策」（satisfied decision），而絕非「最佳決策」（maximizing decision），若決策用之於外交領域，欲要求決策者完全理性來制定政策更屬困難，蓋因外交決策之好壞與是否可行變數甚多且尚端視與其他國家之互動關係以及國際社會之反應而定。

8. 強調問題意識──務應以問題為導向（problem-oriented）作為解決衝突之主軸，解決方案須因時因地因事因物而制宜，同時必須擁有前瞻性與全盤性之思維以及優先順序（priorty）

之考量方屬可貴，然而當前新政府卻未能充分把握此一原則，對最緊迫之經濟問題毫無對策，卻對兩岸問題、年金、黨產與司法等議題亂箭齊發引起國家之動亂與不安。

9. 發揮老鷹法則——決策者應宛若飛翔天空之老鷹跳脫傳統思維，眼界須開闊且有橫向與逆向思考之多面向觀察，較能體察問題之所在與思索解決之道，絕不能如同眼界短淺之池塘鴨子。

理性決策形成過程之流程圖如次

```
┌──────────────────────────────────────────────────┐
│                    面臨問題                          │
│              蒐集造成問題之相關資訊。                  │
│                                                    │
│                       ↓                            │
│                                                    │
│                    認定情勢                          │
│      針對問題之癥結與成因進行認定與過濾之過程（problem    │
│      identification），此乃決策危機最關鍵之階段。       │
│                                                    │
│                       ↓                            │
│                                                    │
│                    目標設定                          │
│  必須在自己職權範圍內思考問題確立目標及其優先順序，絕不可  │
│              撈過界或逃避責任。                        │
│                                                    │
│                       ↓                            │
└──────────────────────────────────────────────────┘
```

情報蒐集與分析

就問題之因果關係及其影響進行分析。

↓

自我實力評鑑

務須知悉自己本身所擁有之有限資源、權限與籌碼以及所承受之壓力量力而為。

↓

研擬各種可行方案並進行腦力激盪

進行兵棋推演與決策模擬，惟任何決策務應避免議而不決且決而不行之流弊。

↓

成本效益與利弊得失之評估與比較

對問題之解決方案進行可行性評估並提出諸因應方案（options）。

↓

聽取立法機構與輿論之反應

確認外界正反面之認知、立場與批評。

↓

規劃修正與調適

避免方案浮濫與策略充血之「高血壓」症候產生，同時亦應注意在對策（solution）意識與問題（problem）意識兩者之間求其平衡。

↓

```
┌─────────────────────────────────────────────────┐
│                  選擇最佳方案                      │
│                                                   │
│  決策者允應在傳統解決方法與現代問題診斷方法之間擇優而定    │
│             奪，惟創意殊屬重要。                     │
│                                                   │
│                      ↓                            │
│                                                   │
│                 決策宣示與游說                      │
│                                                   │
│  選擇適當之時機舉行記者招待會或公聽會以爭取民意之支持與    │
│          利益團體之諒解，必要時亦須進行軟性訴求。        │
│                                                   │
│                      ↓                            │
│                                                   │
│                 方案執行與控制                      │
│                                                   │
│  在人力資源分配與管理方面，應將決策執行者亦納入任務工作小   │
│        組內，俾有系統地一體化（integration）。        │
│                                                   │
│                      ↓                            │
│                                                   │
│                 追蹤評估與檢討                      │
│                                                   │
│  往往當前問題之解決卻會衍生後續不可測之負面發展，因此事後   │
│          之不斷追蹤與檢討絕不可欠缺。                 │
└─────────────────────────────────────────────────┘
```

決策者所經常面臨之問題

　　「決策」基本上係人類在思維過程之認知、分類、選擇、理
性、判斷、整合與解決問題等一組行為過程之總合，因此由科際
整合之觀點去研究人類之行為，吾人當可發現決策者希望透過決
策過程以解決問題、背書、卸責、轉移焦點、集思廣益、創造價
值與洽覓最能接受之妥協結果，然而決策者面對現實不得不做出

最終決策，台灣政論家高希均曾謂「錯誤之決策比貪汙還嚴重」，因此決策者務應重視決策之品質，台灣新政府 2016 年 5 月上任以來，決策品質欠佳，缺乏一個完整之決策過程，往往內部意見未能充分溝通，決策者沒有扎實之論述能力，一遇反彈就退縮，多項決策均有「跳針」與「髮夾彎」之現象令人詬病，究其原因甚為複雜，吾人似歸納決策者經常容易犯下列諸錯誤如次：

1. 所需要之資訊嚴重不足，以致決策者僅能就手邊片段之資訊與有限之知識去做單一直覺且主觀判斷而無法做出更宏觀且客觀理性之決策。

2. 為爭取選票討好選民或其短程施政目標，只求目的不擇手段，空有亮麗口號與標語，卻沒有付諸實現之可行步驟。

3. 鑒於決策所牽涉之「變數」過多，難以面面俱到。

4. 若競爭者利用優勢向我方予取予求，致我決策者迫於情勢無計可施難以招架。

5. 決策者之個人能力、人格特質、處事風格、人際關係、工作態度、世界觀與專業知識等因素影響決策品質。

6. 倘若某些競爭係屬零和遊戲，雙方則毫無妥協之空間。

7. 受到無法控制之國內與國際環境因素影響，例如台灣許多決策者雖口喊改革，心裡卻想著選票，因此在選情壓力下政策經常大轉彎，2011 年「老農津貼」即為顯例。

8. 決策似無「絕對客觀」之可能，蓋因在決策者選擇之過程無法避免地涉及個人主觀意識因素與核心價值。例如 2015 年 9 月德國總理梅克爾採納 100 萬名國際難民之決定，引起選民嚴重不滿，以致 2016 年 9 月執政黨在地方政府選舉遭到慘敗，惟伊處變不驚、振衰起敝，民調高達六成支持其競選連任，足見德國人民支持其魄力與毅力，梅克爾表示該難民

政策有錯，並坦承政府在事前之準備與配似有不足之處，梅克爾強調「我們的開放與自由符合人性尊嚴」，因此《紐約時報》描述梅克爾係「西方自由社會領袖中最後一個捍衛者」。

9. 未能平衡處理價值、事實與後果等三個判斷，以致所做出之決策窒礙難行或相互矛盾。

10. 受到官僚體制與機關文化之牽制以及外界輿論之壓力，往往政策鬥不過對策與計畫趕不上變化。

11. 在民主體制下分權與制衡往往會導致權力分配更形複雜，造成政府之組織結構或將限制決策者對重要決策之選擇，同時政府會遷就民意期能獲得民心之支持以致民意凌駕專業。

12. 核心決策者往往會受到其官職角色之限制，僅能基於「本位主義」在其權責範圍內去發揮。

13. 決策小組人數之多寡易於影響決策之品質，往往參與者過多，其效率即相對下降。

14. 受到威權領導人之強勢領導下，經常會造成參與成員噤若寒蟬或墨守成規，在決策過程中無法暢所欲言，僅敢表達曖昧態度或兩可之間意見敷衍推諉且不敢負責，或但求守成之保守心態。

15. 決策者所擁有之行政資源不夠充足以致無法完成政策目標，僅能就其能力所及提出適當之行動策略。

16. 授權程度有限亦會影響決策成員之積極參與之決心與勇氣以致猶疑徬徨舉棋不定。

17. 決策者基於本身利益之考量缺乏面對風險之勇氣以致以拖待變延誤時機。

18.受到時間壓力之影響決策者傾向就其所獲得之資訊，憑個人直覺或以往經驗倉促做出決策，以致涵蓋面不足且深度亦不夠，在論述時理不直氣不壯無法引起與會人士之共鳴。

19.決策者往往會受到個人因素之所限造成某種程度之制約，造成其結果或反應慢半拍或不知所措或口惠實不至甚或得過且過地拖下去。

20.決策者自視甚高無法接受不同意見與外界批評或情緒欠穩定或態度消極以致造成決策偏差。

21.對於所獲得之情報未予量化評估以致難據以客觀處理相關決策。

22.囿於意識形態之影響以致決策者無法基於行政中立做出價值中立（value-free）之客觀判斷，前往政治考量先於國家利益。

23.對於相關政經情勢之發展掌握不夠精確，往往見樹不見林甚至受到他人之誤導，因而造成我方決策偏頗。

24.預警機制僅能接受單方面所提供之有限資訊，造成決策者無法採取交叉確認（cross-examination）之方式研析相關問題之發展趨勢。

25.由於長期受到外在持續性之威脅，使決策者對其外在環境產生一種危機感，以致形成一種「圍城心態」（mentality of siege），無形地造成思維緊縮無法坦然且客觀地思考問題，卻埋首於沙堆逆勢而為。

26.決策之可行性評估不夠，以致付諸實施後發現情勢變遷，所達致之決策與現實存有極大鴻溝（gap）或曲高和寡之窘境。

27.缺乏對危機決策之訓練與經驗，往往僅秉持以往承平時代

機械式之僵化思考，依照「標準作業程序」（standard operation procedure; SOP）來運作，卻不知如何去做「最壞之打算」（worst-case scenario）或因勢利導。

28. 決策有時卻會面臨情報超載（overload）之現象徒使決策者難下決定。

29. 決策小組之成員經常因個人學經歷不足以致對情勢評估過於草率，或對主客觀環境現實發展之掌握能力不佳，甚至因性格因素「僚氣十足」或存有「形式主義」或「好官我自為之」心態，致令決策偏差。

30. 決策者除應考量部屬之學習能力與工作意願外，亦應激發同仁思考如何解決問題，並經由嘗試過程摸索與體認出一套因應之道。

31. 公共政策目標之設定，應該有其優先順序（priority），例如台灣新政府上任伊始，在政策議題之選擇，似專挑一些非當前台灣迫切需要之議題，諸如同性婚姻、日本何災食品解禁與國民黨黨產等進行討論與立法，以致造成社會對立甚治動盪，殊屬不智與不當。

第四節　危機處理與評估

英國名作家狄更斯 Charles Dickens 曾於 1859 年寫過一本聞名世界之小說《雙城記》（A Tale of Two Cities）以描述自 1789 年至 1799 年間法國大革命前後之社會情景與人民內心之感受，

他在該著作曾云：

> It was the best of times,
> It was the worst of times,
> It was the season of light,
> It was the season of darkness,
> We had everything before us,
> We had nothing before us,
> In short, it was a period very like the present.

　　目前包括台灣在內舉世大多數國家之人民均生活在一個高度不確定之時代，無論國內或國際環境均充斥著諸多無法掌控之「變數」，以及變動不居瞬息萬變之情境，然而吾人別無選擇必須勇敢地面對現實並拿出智慧因勢利導。

　　危機處理（crisis management）係融合強制與妥協之科學與藝術，亦為理性與感性相互激盪之產物，吾人在日常生活中難以避免地會面臨許多問題甚至危機，國家間經常會因國家利益衝突而引起雙方關係之緊張，以致造成外交斷交或經濟制裁，倘若處理不當終將升高為戰爭引起一場人類大浩劫，因此危機處理在人類生活中與每一個人息息相關不容忽視，同時危機處理業已成為國際關係與國家安全政策範疇中最重要之一環節，一個傑出且有效率之危機處理者對所面臨之主客觀情勢與問題癥結（issue areas）應有非常清晰之認知，不但要正確且即時地評估對方之論點與企圖，尚須客觀地瞭解自己之實力與限制，絕不可存有一廂情願之想法與一意孤行之作法，倘危機處理者事前準備不足、估計錯誤、判斷偏差、對情報掌握不夠精確、對非理性因素操控不

佳或因其他問題之產生而易於造成危機談判之僵局與破裂，在目前全球化之時代，危機處理之本質涉及極其複雜之專業知識，絕非每一個人或少數人得以獨立勝任，往往需要一個合作團隊以非常嚴肅且認真之態度予以因應。

在過去數十年當中各國朝野對危機處理或風險管理之重視與日俱增，不僅政府定期調集官員予以密集訓練與演練，企業界亦將其列為培訓員工之重點課程，然而台灣天災人禍不斷，面對未來複合式災難，台灣無論中央政府或地方政府在危機處理之訓練、能力、做法、觀念與態度僅聊備一格虛應故事無法接受嚴格考驗，尤其在機制方面台灣迄今尚無能夠涵蓋防治與救援各類型災害之常設中央級「救災總署」，台灣目前把防災分散至各部會且無整體標準作業程序概念，倘一旦發生危機各部會步調混亂疲於奔命，造成無法彌補之後遺症，甚至台灣領導人亦缺乏應有之憂患意識與必要之風險管理能力，每遭災難僅會動用軍隊來救災殊令人氣結，例如 1999 年 9 月 21 日之 921 大地震與 2009 年 8 月 8 日之 88 風災，政府在處理重大災難事件非但缺乏有效之指揮系統統籌人力物力，而且反應緩慢毫無章法令人詬病，因此 2015 年 6 月八仙塵爆發生後，美國「富比士」媒體評論，台灣近年來一連串之空難、氣爆、捷運鋼樑掉落等災難，似可歸因於台灣政府之漫不經心與馬虎行事，在在缺乏 SOP 作業程序，亦欠缺對認證許可之統一標準與檢查嚴格把關之機構，往往危機事件發生後政府從不記取教訓草草了事。至於台灣企業界方面近年來譬如宏達電（HTC）董事長王雪紅、王品集團前董事長戴勝益以及義美總經理高志明在處理其股票急劇下跌或食品安全時在危機處理過程均犯許多嚴重之缺失。有鑑於台灣當前對中國貿易與投資比重沉重，加諸中國經濟成長趨緩、金融風險日增與紅色供應

鏈威脅不斷加速，因此台灣經濟未來發展面臨風險之影響變大，政府與企業界必須加強其風險管理。就理論而言，中外學者探討危機處理之理論、策略、技巧及個案研究之專書與文章相當浩繁，一般最常被應用於此一領域之研究方法包括體系分析（system analysis）、文件分析（document analysis）、歷史研究途徑（historical approach）、博奕理論（game theory）、內容分析法（content analysis）、決策制定（decision-making approach）、心理學研究（psychological approach）以及認知理論（cognitive theory）等不一而足，基本而言危機處理係強調人與人間之互動關係，務須揣摩他人之需求，設身處地為對方著想，並共同為互惠互利之目標創造價值之過程，其旨在謀求雙贏（win-win）之最終結果，在處理過程中因涉及人性（human nature）之互動與變化誠難以捉摸且隨機而生，在某些極艱辛之因應過程中極度考驗人性之包容與耐心。

危機處理之基本概念與認知

國家間互動關係發生衝突之原因甚多，其中包括權力擴張、宗教派系差異、意識型態對立、分裂國家尋求統一、對抗共產主義勢力蔓延、民族主義、領土糾紛、分離主義、武器競賽、權力不平衡、保僑、護僑、誤解、資源爭奪、邊境爭執、國內政爭引發國際干預以及因種族、歷史與文化差異所引起相互排斥所發生之衝突。危機處理之觀念係淵源於 1950 年代之嚇阻理論，1960 及 1970 年代當東西兩大集團之冷戰達致高峯之際，危機處理開始受到全球學者之重視，並推出許多理論與實務案例之研究成果，同時歐美政府之高級決策官員亦對危機處理深表重視，例如美國甘迺迪總統時代之國務卿魯斯克（Dean Rusk）曾表示自 1966

年以來每年平均有 8.5 次之國際危機發生。在 1962 年古巴飛彈危機發生之後，當時美國國防部長麥克拉瑪拉（Robert McNamara）曾感慨地表示今後國際關係中不再有所謂的戰略問題（strategy）取而代之者將僅有危機處理，他們論點雖有言過其實之嫌，惟仍足以顯見危機處理日益重要。

1. 危機之特性

威納（Anthony J. Wiener）和卡恩（Herman Kann）兩位美國學者合撰之《危機與軍事管制》一書，他們以十個層面來界定危機：

(1) 危機經常係一事件與行動之轉捩點。

(2) 危機係一種情勢，需要參與者高度心智活動與計畫。

(3) 危機嚴重威脅到核心利益與重大政策目標。

(4) 危機若處理失當或將產生另一個危機。

(5) 危機發生之過程促使有關評估情勢與因應措施之不確定性日益增加。

(6) 危機發生期間當事人之控制力或將不斷減低。

(7) 危機之特徵係緊張與不安，經常造成行為者間壓力與焦慮。

(8) 危機期間參與者深感可靠情報匱乏。

(9) 危機將相對地增加時間之壓力。

(10) 危機或將改變參與者之間互動關係。

彌勒（Kent Miller）和依斯可（Ira Iscoe）所合撰《危機概念》乙書中，他們從心理學和社會學之角度來研究與定義危機，並提出以下五種特性：

(1) 危機具有急迫性，危機持續期間之長短無法確定。

(2) 危機將使人之行為轉變異常，例如產生無工作效率、內心深感抑鬱與委屈之現象。

(3) 危機將威脅相關組織之政策目標。

(4) 危機係相對的，對一方係屬危機對另一方則或安然無事。

(5) 危機令人深感緊張與焦慮不安。

綜合上述學者諸論點，吾人似可歸納危機存有以下八種特色（special features）如次：

(1) 突然發生（surprise）且情勢不確定（uncertainty）——西方學者視危機為異常現象，往往危機係在毫無預警情況下突然且急速發生之不確定情勢，該情勢存在之長短無法掌握，同時充滿變數與難以控制，諸如 2015 年 6 月 27 日台灣所發生之八仙樂園塵爆意外事件，受害急救者逾 500 人即為顯例。

(2) 威脅（threat）——該危機情勢嚴重影響雙方或各方重大之利益、核心價值與政策目標。

(3) 時間壓力（time pressure）——決策者得以反應之時間非常有限而且深感所需之情報（intelligence）極為有限或有時會出現情報過於充斥產生「擁塞」現象，且難以確認何者為正確之情報。

(4) 事態緊急（urgency）——當時情況甚為緊急並造成決策者之高度壓力、無效率、沮喪、焦慮與不安，而且發現自己對情勢之控制力或影響力日益降低。

(5) 轉捩點（turning point）——危機經常係一系列事件之轉折點，因此必須及時因應處理並達致決策，倘一拖再拖不做決定或採無為而治（inaction）之態度則其後果將不堪設想或將導致一場災難。

(6) 團隊合作（team work）——危機處理涉及層面甚為廣泛（many diemesions），必須及時成立一特別工作小組從而集思廣益（brainstorming）共同運用開創性思維（creating thinking）尋求解決之道，同時絕不可以處理例行公事（business as usual）之心態予以消極因應。

(7) 危險與機會並存（relative concept）——危機係相對之概念未必純屬負面意涵，按中國人之觀點則視「危機」係存有危險與機會所共生之涵意。

(8) 危機之擴散性（diffusion）至為深造——危機所可能產生之影響包括有形與無形、直接與間接、長期與短期之後果，同時某些政經危機或將擴散至軍事對立，絕不容等閒視之。

2. 危機處理之本質

危機研究之途徑大致分為二：

1. 體系分析途徑（system analysis approach）
2. 決策制定途徑（decision-making approach）

前者較重視整體之研究，而後者較重視個體之分析因而較適合個案研究（case study），兩者對危機各有其不同之定義，體系分析途徑學者認為「危機乃是一組急遽展開之事件，它在普通之體系或是其次體系中，以超越正常之程度，產生解體之力量以及增加體系中使用暴力之可能性」；從事決策制定途徑之學者則認為危機是一種情勢，它具有下列兩種特性：

(1) 對決策單位之高度優先順序目標構成一種威脅。
(2) 在決策制定之過程，決策者對處理方法之思維包括：強制（coercion）與和解（accommodation）兩種。前者強

制式之危機處理，其旨在利用非常手段從而在衝突之利益中取勝，惟其風險乃係如何去避免戰爭之危機；後者和解式之危機處理，其目標在解決雙方共同之糾紛，並考量如何在衝突之利益中使自己之損失降至最低。

美國學者賀斯迪（Ole R. Holsti）亦提出危機處理之技巧應包括：

(1) 設身處地去了解對方所關心之事項（put your foot in other's shoes）。

(2) 避免切斷後路，留給對方有轉圜之餘地，而不至於訴諸暴力。

(3) 嚇阻與妥協並用（both stick and carrot）。

(4) 言行必須一致。

(5) 審慎研議因應策略並力促彼此衝突之程度持續下降。

3. 綜觀上述學者之論點危機係一種特殊類型之衝突，成功之危機處理往往厥在控制情勢，緩和矛盾與降低危機升高之風險，特別是避免引發軍事衝突，基本而言，危機處理應採行之措施似涵蓋以下十二個面向：

(1) 成立危機處理小組或應變中心，並交由機關最高首長統一指揮。

(2) 備妥應變措施並加強決策者與執行者間之溝通與共識，整合所有資源之運用。

(3) 保持敵我雙方溝通管道之暢通並發出具體與清晰之信號（signal）以減少誤會產生。

(4) 促使雙方溝通之事項明確化以避免誤會。

(5) 將衝突定位為利益性之衝突而非原則性或意識型態之衝突。

(6) 倘若情勢之所需，必須適時運用第三者之調解方式以解決衝突。

(7) 兼用嚇阻與妥協之方法，確定有限目標以及達致該目標之有限手段，力求為雙方保留顏面與轉圜餘地。

(8) 注意新聞處理與時間管理。

(9) 維持危機處理小組內部人員之士氣與情緒管理。

(10) 注意不斷加強情報之蒐集與研析。

(11) 進行自我約束，慎用高壓手段與最後通牒方式俾為對手保留退路。

(12) 預先考慮到己方行動所將可能引起之嚴重後果，並備妥應變計畫（contingency plan）。

4. 危機處理者應瞭解危機發展之週期

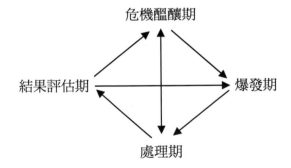

危機處理之案例分析：
1962 年 10 月古巴飛彈危機之決策模式

　　美國哈佛大學甘迺迪政府學院前院長艾里森（G. T. Allison）曾撰名著《決策的本質》（The essence of decision），他以 1962 年 10 月古巴飛彈危機為個案，詳細地從決策目標、決策者、決策選項以及決策評估等諸層面分析當年甘迺迪（John F. Kennedy）總統如何在 1962 年 10 月 14 日至 10 月 27 日 13 天內統合危機處理小組所有成員之智慧與經驗，順利地化解古巴飛彈危機之決策過程。就該危機之背景而言，當時美國與蘇聯兩大超級強國在軍事方面勢均力敵且劍拔弩張，當美國 U-2 偵察機在 1962 年 10 月初發現蘇聯已在古巴境內部署中程飛彈之事實，該飛彈基地距離美國海岸僅約 90 海浬且能瞄準除西雅圖以外全美各大城市，對美國國家安全造成極大之威脅，美蘇兩大超級強國間之軍事衝突情勢急遽升高，核戰危機一觸即發，甘迺迪總統當機立斷成立一個包括國防部長、國務卿、司法部長、參謀首長聯席會議主席以及中央情報局長等 13 人之危機處理小組（The President's Executive Committee of the National Security Council, 簡稱 ExComm）歷經 13 天之腦力激盪與激烈互辯結果提出 7 項方案供總統裁決如次：

1. 視若無睹（do nothing）一切順其自然，不要採取任何行動。
2. 與蘇聯總理赫魯曉夫（Premier Nikita Khrushchev）晤面進行高峰會議從而化解危機。
3. 與古巴總統卡斯楚（Fidel Castro）舉行高層談判。
4. 洽請美國駐聯合國大使史帝文森（Adlai Stevenson）在安理會公開展示美國偵察機所拍蘇聯在古巴部署飛彈之照片以揭穿蘇聯一再否認之謊言，並尋求國際輿論之支持。

5. 動員陸海空軍全面備戰進攻古巴（all-out military invasion）。

6. 進行空軍戰術性轟炸（surgical air strike）以摧毀佈署在古巴之蘇聯飛彈。

7. 海軍封鎖（naval blockade）古巴之海岸線以迫使蘇聯立即由古巴撤離所有飛彈。

甘迺迪總統經由上述 13 名菁英分子參與之危機決策小組，透過集體決策之模式，歷經利弊得失之分析與沙盤演練，總統最後選擇採取相對理性且較溫和之方式即一方面運用聯合國之平台對蘇聯施壓與談判，動員國內三軍備戰並準備對古巴進行海軍封鎖之方案，同時向蘇聯妥協表示願自土耳其撤離飛彈，致使蘇聯迅即自動撤離部署在古巴之所有飛彈，從而避免美蘇間之核子戰爭順利解決該危機。

綜合言之，甘迺迪總統圓滿消弭 1962 年 10 月古巴飛彈危機之成功因素如次：

1. 成立有效之危機處理小組並採用軟硬兼施之嚇阻策略。

2. 甘迺迪總統本人完全充分掌控危機決策過程與因應對策之執行，並且能拿出魄力與決心，獨排眾議發揮領袖之角色。

3. 甘迺迪總統鼓勵危機處理小組之所有成員知無不言言無不盡，致使事理愈辯愈明。

4. 該危機處理小組成員來自各相關部會，使得主戰之軍方與中情局（CIA）無法片面操控該會議之進行。

5. 甘迺迪總統能耐心拿出證據透過蘇聯駐美大使館力勸蘇聯總理赫魯雪夫認清現實，以致不敢向美國進行軍事對抗，同時美方亦同意妥協適時地撤出部署在土耳其境內之飛彈以向蘇聯讓步與妥協。

6. 最重要者乃當時甘迺迪總統在處理危機時向危機處理小組

成員所作之 8 點明智指示如次：

(1) 處理危機時需要充分計畫

(2) 不能盲動與躁進

(3) 決策時應聽取各方之意見

(4) 情報應達致知己知彼之地步

(5) 非到最後關頭絕不輕言動武

(6) 密切注意國際輿論動向

(7) 料敵從寬

(8) 步步為營小心謹慎。

按當前美古外交關係雖中斷超過 50 年，2014 年 12 月經教宗方濟各曾分別親筆致函古巴前總統卡斯楚與美國總統歐巴馬，要求雙方終止敵對關係，並邀集兩國代表前赴梵蒂岡密會，雙方關係逐漸破冰歧見亦隨之解決，終於 2015 年 7 月 20 日恢復邦交，美國總統歐巴馬並於 2016 年 3 月 21 日正式赴古巴訪問。

危機處理者所經常面臨之諸問題

1. 受到非理性因素之影響——決策制定（decision-making）係一種高度選擇之過程，倘欲作一完善之決策，決策者務須在決策之過程先就事實、價值與後果等三層面之判斷作一通盤性之思考，然而在變動不居之客觀環境及有限之主觀能力框架下，任何人均難以作出一絕對理性之決策。事實上人類僅具「有限理性」之能力，任何決策行為事實上距離客觀理性模式仍有一段距離，每個人均難免受到非理性因素（irrational elements）諸如情慾與名利等潛在意識之影響。

2. 因應時間有限——就時間發展過程觀點而言，危機係經過潛

伏期（pre-formal crisis）、爆發期（acute crisis）、延續期（chronic crisis）及解決期（crisis resolution）等四個階段，而且危機所造成之時間壓力（pressure of time）甚殷，危機處理絕對是無法拖延必須立即設立一個「特別情況室」並組成一危機處理小組，俟一切架構設置完成即開始與對手進行談判，往往拖延時間僅會壞事，時間壓力亦會與日俱增，危機處理者宛若與時間競賽分秒必爭，致使處理危機之過程會被壓迫得喘不過氣來，因而易於在情勢所逼下，倉促地依據其過去處理經驗、直覺與靈感因應危機。

3. 所需之可靠情報匱乏以致因應方案受到限制——每當面臨危機時決策者會深深感受到患有「情報貧血症」，以致他們無法據以足夠之情報當機立斷並採行有利之可行方案。事實上情報係決策之鑰，它具有諸多功能，諸如情報可協助決策者區分國家利益與政策目標之優先等級、瞭解手段與目標該如何配合、提出選擇方案並評估各相關方案之成本效益與利弊缺失、爭取國內資源之支持、掌握政策實際執行之時機、判斷政策之未來發展傾向與缺失以及調整政策之內容以達致預期之目標等諸功能，因此務須重視相關情報之蒐集與分析。

4. 危機處理小組成員之退出——在危機處理過程中每位成員所面臨之壓力均甚為迫切，情緒反應較易爆發，往往由於與主管意見不合、處理媒體不當、成員洩密、個人身心不平衡或彼此規避責任等因素，因而要求退出該危機處理小組以致整體士氣相對受到嚴重打擊。

5. 繁重之例行性業務影響危機處理——平時之業務往往絕不會因危機之發生而停頓，而這些源源不斷之事務會使決策者甚難擁有一冷靜思考之環境，終會影響到決策之品質，因此

危機處理者應把握時間管理原則即要事第一（Put first things first）之精神，務須暫時拋開無關緊要之事（Jettison the things that just don't matter）將其交由副手或職務代理人暫行處理，從而把所有時間與精力投入危機處理。

6. 危機處理成員往往易於放棄個人之意見而被迫接受集體之判斷——在理論上工作小組旨在發揮腦力激盪之作用，惟由於受到情報匱乏以及因應時間壓力等諸因素影響所及，或有決策成員易對敵意與威脅作誇大性之解釋，被對手「傷害」之主觀意識亦會急劇膨脹，以致對情勢易產生錯誤之估計或曲解，有時成員因主管「鴨霸」作風，基於階級意識或顏面因素因而被迫放棄或隱藏個人寶貴意見，勉強接受所謂之「集體意見」。

7. 不堪承受利益團體之壓力——在危機爆發後，新聞記者或電視台之名嘴往往會窮追不捨地報導或評論該事件之背景與發展過程，其間難免因報導失實或涉及內幕消息，以致利害相關之利益團體或某些特定人士，會對危機處理者在談判之過程中施加壓力造成當事人亟大之困擾。

8. 專業知識之限制——在當前之全球化資訊化與數據化社會中，根據美國學者 Steve Fink 所作之調查發現顯示，大多數危機之產生不外乎下列原因：工業意外災害、環境汙染、工會問題、罷工、產品收回、公司與投資人關係、具有敵意之兼併、經營權之爭、謠言或洩密、政府干預、恐怖份子之活動、貪汙、股市崩盤以及其他政治性因素所導致之事件，綜觀這些危機之解決均須仰賴專業人員之參與共同藉談判方式採取因應之道，然而危機處理人員未必擁有該專業知識，因而對專業人員之尊重殊顯其重要性。

9. 決策與執行之差距——往往由於執行人員誤解決策者之旨意、或因執行人員素質欠佳、或因決策者原先所決定之方案受到主客觀新情勢之變遷以致無法執行。

10. 備選方案不足——為達致政策目標，危機處理者必須思考最壞之狀況發生並事前準備妥善與具體之行動方案（option）備用，該方案涵蓋面從最激進之行動（radical action）、有限幅度之漸進改變（incremental change），乃至於維持現狀（status quo alternative）應一併納入。

11. 鬆綁法令容納外國援助——2015 年 6 月台灣八仙樂園塵爆危機案，各醫院面臨醫護人力吃緊或不足問題，當時包括美、日、荷蘭與中國等國均表達有意提供醫護協助，惟台灣礙於法令，國際醫療團因無我國醫事執照依法僅能擔任志工，無法親身加入台灣實際醫療工作，或僅從旁提供資訊，是種自我設限拘泥法令腦袋僵化之作為殊令人詬病，今後務應予以彈性調整。

12. 其他問題——由於內部洩密以致事態擴大，或因危機處理工作小組所屬之機構與政府或相關企業間互動關係不睦，以致問題一再稽延無法順遂解決，因此危機處理絕對須橫向整合與縱向連結，決策推動過程更需要調和彼此思維與作為。

第五章

目前台灣外交
亟於解決之問題

第一節　台灣法律地位未定論之問題

台灣法律地位問題之背景

　　關於台灣法律地位問題，2015 年 5 月美國喬治華盛頓大學政治系教授葛拉瑟（Charles Glaser）在《國際安全季刊》（international security）發表〈美中大交易？軍事競爭與和解之困難選擇〉（A US-China grand bargains? The hard choice between military competition and accommodation）專文，重申他過去所不斷提出之「棄台論」，依其論點台灣係美「中」嫌隙之唯一主要因素，若美國放棄支持台灣，將可大幅改善美中關係並可避免未來發生無意義之戰爭，並能促進亞太地區之和平發展，該文章頗受美國國際政治學者之重視，事實上多年來美國國內不乏棄台論之說法，早於 1961 年美國國務院法律顧問齊札克（John J.Czyzak）曾對台灣地位提出分析報告表示台灣地位未定論，並建議透過公民投票方式尋求解決，2013 年 9 月 5 日美國國會研究服務處亞洲事務專家簡淑賢（Shirley Kan）亦曾發表「中國／台灣：一個中國政策之演進」之報告，該報告指出，美國迄今仍未承認中國對台灣之主張，惟亦不承認台灣係主權國家，美國政府認為台灣地位仍未定（Taiwan's status as unsettled），是種台灣在國際地位問題之討論吾人必須正視，甚至美國學者 Ronld Weitzer 在其著作 *Transforming settler states* 曾提出「遷佔者國家」（settler states）以論述北愛爾蘭與辛巴威建國之例，其重點旨在指「由支配原始住民之新移入政權所建立之國家」，台灣若干學者藉以引用至台灣，鑒於近年

來國際政經秩序與地緣政治正在加速變遷，美國政界與學術界自第二次大戰後迄今時隱時顯之「棄台論」偶會出現，今後美國川普總統時代是否再現吾人誠殊應注意，蓋因川普力倡孤立與現實主義，且迭次提及美國將不再過度干預事不關己之國際衝突，充分顯示其商人作風。近年來綜合國際社會之反應大致有三種論說，即台灣地位未定說，中國擁有台灣主權說與中華民國享有台灣主權說，其論點均有其產生之歷史背景與國際政治因素之緣由，關於台灣法律地位未定論，主要有五點原因所造成即 1.對日和約之影響，2.美國對台灣地位曖昧之態度，3.「兩個中國」政策之幻想，4.聯合國 1950 年代對台灣法律地位問題之討論，及 5.「台獨份子」之謬論，其中許多不利我國之論點均係國際現實政治下之產物，似是而非極有待澄清，為瞭解中華民國擁有台灣主權之基本法理論據，吾人必須就下列諸問題進行剖析：1.1941 年中華民國片面廢約與台灣法律地位關係如何？2.開羅宣言與波茲坦宣言有無國際法約束力？3.日本在事實上與法律上已放棄對台灣之主權之事實，而中華民國政府接收台灣之法律效力如何？4.台灣主權歸屬問題究應基於何種國際公法之原則？

從國際法層面討論台灣主權歸屬中華民國之論述

1945 年 9 月 9 日中華民國政府在南京接受日本的戰敗投降，同年 10 月 25 日復在台北市中山堂接受日本在臺灣總督之投降後，旋即宣布恢復台灣為中華民國的一省，3 個月後恢復台灣人民之中華民國國籍並回溯自 1945 年 10 月 25 日生效，就國際法觀點而言，中華民國從 1945 年 10 月 25 日起即在法律上（de jure）與事實上（de facto）行使對臺灣之領土主權，此一恢復主權之

事實俟 1952 年 4 月 28 日中華民國與日本簽訂中日和約後再度得到確認。

1. 台灣主權歸還中華民國之法律依據

　　1895 年清廷在中日甲午戰爭中戰敗，同年 4 月 17 日中日兩國在日本下關簽訂馬關條約（Treaty of Shimonoseki），該條約第 2 條規定中國應將遼東半島、臺灣及其附屬島嶼與澎湖列島割讓予日本。1895 年 6 月 2 日中日雙方代表李經方與樺山資紀曾在基隆外海日本 軍艦上辦理臺灣、澎湖及附屬島嶼之割讓事宜，日本遂展開 50 年之殖民統治。

　　二次大戰 結束，臺灣主權從日本手中歸還中華民國，此一轉變源於日本發動對華侵略戰爭，1937 年 7 月 7 日日本軍隊在河北省宛平縣發動蘆溝橋事變，對中國不宣而戰。當年 7 月 17 日國民政府蔣中正委員長發表演說，宣示抗戰到底決心，自此中華民國不屈不撓獨自抗戰 4 年，1941 年 12 月 8 日日本偷襲珍珠港，美國立即對日宣戰，中華民國政府隨即在 1941 年 12 月 9 日對日本、德國與義大利等軸心國宣戰，並宣布包括馬關條約在內之中日間一切條約、協定、 合同一律廢止。1943 年 12 月 1 日中、美、英三國發表開羅宣言（Cairo Declaration），共同公開具體要求戰後日本「須將竊自中國之東北四省、臺灣與澎湖歸還中華民國」（……all the territories Japan has stolen from the Chinese, such as Manchuria, Formosa, and the Pescadores, shall be restored to the Republic of China.）1945 年 7 月 26 日中、美、英三國領袖發布波茲坦宣言（Potsdam Proclamation），該公告第 8 條重申「開羅宣言之條件必須貫徹實施（The terms of the Cairo declaration shall be carried out……）。1945 年 8 月 14 日日本接受波茲坦宣言宣布

無條件投降，並於同年 9 月 2 日在美國密蘇里軍艦上簽署日本降伏文書（Japanese Instrument of Surrender）。該文書第 1 條中載明「茲接受美、中、英、蘇四國政府領袖於 1945 年 7 月 26 日於波茲坦所發表及所列舉之條款。（We……hereby accept the provisions in the declaration issued by the heads of the Governments of the United States, Republic of China and Great Britain on July 26, 1945, at Potsdam……」換言之，波茲坦宣言第 8 條有關開羅宣言之條件必須貫徹實施，係日本於降伏文書中所承諾之事項，日本當然必須履行，切實將東北四省、臺灣、澎湖歸還中華民國。

2. 開羅宣言與波茲坦宣言之法律拘束力

不論開羅宣言、波茲坦宣言與日本降伏文書，中華民國均將該 3 份歷史文件視為一體且均具有條約效力之法律文件。美國政府除將開羅宣言與波茲坦公告編入美國條約及其他國際協定彙編（Treaties and Other International Agreements Series）外，並將日本降伏文書收入美國法規大全（Statutes at Large）。日本所主編之條約彙編亦將上述文件一併納入，聯合國所出版之聯合國條約集亦將日本降伏文書納入，因此就國際法而言，開羅宣言、波茲坦宣言與日本降伏文書皆係具有國際公法約束力之法律文件，台獨份子多年來卻主張開羅宣言非正式條約因此無國際法效力，然而金山和約第 4 條足以證明開羅宣言係有效的，且 1978 年「中」日建交公報事實上贊成中華民國 1952 年所簽之「中日和約」，亦被視為中國接受「金山和約」。

1945 年 10 月 25 日日本在臺灣之總督於台北向中華民國政府投降，同日中華民國政府宣布恢復對臺灣、澎湖列島之主權。1946 年 1 月 12 日，明令恢復臺灣、澎湖居民之中華民國國籍，並回

溯至 1945 年 10 月 25 日生效。1949 年 12 月中華民國中央政府播遷臺灣。從 1945 年到 1949 年中華民國在臺灣有效行使主權之作為，國際社會均無異議。1950 年 1 月 5 日美國總統杜魯門（Harry Truman）發表聲明稱：「1943 年 12 月 1 日之開羅聯合聲明中，美國總統、英國首相及中華民國主席共同宣稱，他們之目的旨在將日本竊自中華民國之領土，例如將臺灣歸還中華民國。美國政府於 1945 年 7 月 26 日簽署之波茨坦宣言中，宣告開羅宣言之條件應予施行，且該宣言之條款於日本投降時為日本所接受，遵照上述宣言台灣移交給中華民國蔣介石委員長。在過去四年內，美國與其他同盟國均接受中華民國在台灣行使有效主權。」臺灣光復 7 年之後，1952 年中華民國與日本簽訂之中日和約，雙方再次以條約形式確認日本以中華民國為對象，放棄因馬關條約而取得之台澎，臺灣之領土主權必須歸還中華民國，並正式結束中日兩國間之戰爭狀態，事實上該和約簽訂與否，並不影響中華民國對臺灣之主權，所影響者僅係中華民國與日本戰後正常外交關係之開展，當中日和約於 1952 年簽署時，臺灣人民早已係中華民國國民。

3. 舊金山和約、中日和約與台灣主權歸屬之關係

二次大戰結束後中國發生內戰，1948 年戰局逆轉中國漸取得優勢，1949 年 10 月 1 日中國宣布建政，同年 12 月中華民國政府被迫播遷臺灣。

1950 年 6 月 25 日韓戰爆發，國際局勢丕變，美國總統杜魯門於 6 月 27 日發表聲明：「本人已命令美國第七艦隊防止對臺灣之任何攻擊，同時本人並已請求臺灣之中華民國政府停止對中國一切海空軍活動……至於臺灣未來地位之決定，應俟太平洋區域之安全恢復後，或與日本締結和約時或由聯合國予以考慮。」美

國當時就提出臺灣地位未定論主張，當係為避免其在韓戰爆發後之行動有干涉中國內政之嫌，此乃產生所謂「臺灣法律地位未定論」之主要背景。中華民國外交部長葉公超立即於 1950 年 6 月 28 日就臺灣地位發表「臺灣屬於中華民國領土之一部分」之正式聲明以正國際視聽。

1951 年 9 月 8 日戰後各同盟國與日本在美國舊金山舉行和會簽署舊金山和約（Treaty of Peace with Japan），正式結束戰爭狀態，並處理日本領土等相關問題。和會舉行當時中國內戰未歇且韓戰方興未艾，國際情勢極為複雜，和會與會國家無法就邀請台海兩岸雙方何一方參加會議達成共識，以致艱苦抗戰 8 年、犧牲至少兩千萬軍民之中華民國，竟未能受邀參加舊金山和會。惟與會各國締約時達成共識，決定該舊金山和約第 2 條有關日本宣布放棄領土，包括臺灣、澎湖、千島群島、庫頁島、南冰洋及南沙群島等，皆採取「不言明日本歸還給何國」之體例，並授權當事國與日本另行簽訂條約以解決領土等問題。

日本爰依該條規定於 1952 年 4 月 28 日在台北與我國簽訂中日和約（Treaty of Peace between the Republic of China and Japan），該和約之目的主要為：（1）正式終止戰爭狀態（戰爭行為已實際結束，日本亦簽署降伏文書，惟在形式上仍須有一和約以表述兩國戰爭狀態之終止）。（2）確認戰後雙方在處理領土、戰爭賠償、財產、人民國籍等問題之關係。

上述 1952 年中日和約第 2 條規定：「茲承認依照 1951 年 9 月 8 日在美國舊金山市簽訂之對日和平條約第 2 條，日本國業已放棄對於臺灣及澎湖群島……之一切權利、權利名義與要求。」此條雖然仿照舊金山和約體例，並未明文規定臺灣與澎湖歸還中華民國，惟中華民國正係此一雙邊和約之締約當事國，而該條約

第 4 條復承認 1941 年以前，中日間所締結之一切條約當然包括割讓台灣予日本之馬關條約在內，均因戰爭結果而歸於無效，因此確認台灣係中華民國領土之意義至為明顯。和約中有些條款更係以「台灣主權屬於中華民國」為前提，否則該條款即無意義亦無法執行，例如如第 3 條關於日本在臺灣澎湖財產之處理，第 10 條承認臺灣澎湖居民均屬中華民國國民，因此中華民國自 1945 年 10 月 25 日起即恢復行使對台澎主權迄今業已歷經 71 年有效統治，因此任何認為台灣地位未定論均與法理與事實不符。就 1950 年代以降，美國與日本等國分別與中國建交，中國均要求各國在建交公報強調其「一個中國」立場，然而美國僅表示「認知」（acknowledge）中國之立場，而且不提異議，惟迴避使用「承認」（recognize）之字眼，其 1979 年建交公報之全文即，美國宣布「承認中華人民共和國政府為中國唯一之合法政府」，同時表達美國政府「認知中國立場，即只有一個中國，而台灣是中國之一部分。」而日本在該建交公報則係採「理解和尊重」（understand and respect），亦避免使用「承認」之詞，事實上日本在 1972 年 9 月之「中」日建交公報中，除表達瞭解中國立場並公開表述「堅守 1945 年波茲坦宣言第 8 條之規定」，重申開羅宣言將台澎等地歸還中華民國之宣示，否定台獨人士主張台灣地位未定論與上述兩個宣言不具國際法效力之謬論，益見國際社會仍對台灣之立場保持相當堅強且彈性之態度。

4. 台灣主權歸屬問題應適用之國際公法原則

就國際公法而言，時效（prescription）原則與先佔（occupation）原則均難作為中華民國取得台灣主權之理論根據，而「保持佔有原則」（uti possidetis）之引用則較妥切，茲分別論述如次：

(1) 國際公法之「保持佔有原則」係指戰勝國繼續保持所佔有之領土，雖然未經戰敗國於和約中訂明割讓或歸還，戰敗國卻始終不聲明要求收回，甚至無意收回。換言之，停戰時存在於交戰國間之現有狀態，基於國際和平業經雙方以停止敵對之方式而予以默認，其情勢或結果應予保持之，並構成雙方未來關係之基礎。

(2) 勞特派特（E. Lauterpacht）曾於其修訂奧本海（Oppenheim）國際法第二卷第七版中關於變更領土主權問題曾有下列說明：「除非締約國另有規定，和約之效力係使締結和約時之現存情況繼續……如和約對被征服之領土加以規定，佔有者得繼續保有並可予以合併擁有之。」而此即為國際公法上所謂「保持佔有原則」，其目的乃在補充和約之不足，秉持國際政治維持穩定之考量一切以現實之主客觀狀態為基礎，確立雙方之法律關係，由此亦可見和約之明文規定並非戰勝國合法取得戰敗國領土之唯一方法。

(3) 英國籍國際法學家 Ian Brownlie 在《國際法原則》（Principles of Public International Law）一書論及國家取得領土主權方式時，曾就國家實踐（state practice）之觀點討論「保持佔有原則」，他指出拉丁美洲地區，該原則被視為一種間接處理領土之方式，鑒於各國普遍不願使用武力解決彼此紛爭，所以拉丁美洲區之國家咸認為西班牙殖民時代所對領土之劃界仍對後來獨立國家有效，從而解決許多領土或無主地（terra nullius）之所有者之糾紛。

(4) 就國際法案例而言，1912 年土耳其與義大利戰爭後，

土國戰敗後割讓北非特里波利（Tripoli）與色內易加（Cyrenaica）等二地予義大利，然而該二地之割讓並未在和約中明文規定，而由土耳其單方面宣告放棄對二地之主權，再由義大利宣告合併該二地，國際法學家認為上述行為實質構成一種隱藏之割讓（concealed cession）所以義大利合法取得該二地主權。

(5) 中華民國政府於 1945 年 10 月 25 日收復台灣，行使主權，設置機關，頒布法令及管理領土與人民，事實上中華民國自 1945 年起即不斷地在台灣行使主權行為，且事實合併台灣，日本於金山和約及中日和約中明文正式表示放棄對台灣之主權，此種情況與上述土義戰爭之狀況頗為相似。儘管金山和約及中日和約並未明文規定台灣之歸屬，惟中華民國則可依據國際公法「保持佔有原則」合法取得戰敗國日本所放棄之領土，由中華民國事實上與法律上實質合併該地，因而取得對台灣之主權。

第二節　南海問題之癥結

南海問題之歷史背景

南海諸島位於太平洋與印度洋之間，海域面積約 350 萬平方公里，該地區富含油氣與漁業資源亦係東南亞貨運航線要道，其

戰略地位甚為重要，自古迄今為我國領土，二次大戰後我政府依據《開羅宣言》、《波茲坦宣言》收復臺灣，並於 1946 年 12 月 12 日由中華民國海軍以戰勝國身分正式收復南沙群島迄今長達 71 年。

1970 年代該海域發現蘊藏豐富之石油與天然氣，並被稱為「波斯灣第二」，牽涉及許多國家利益引起周邊國家諸如菲律賓、越南、馬來西亞、汶萊、印尼與中國等國之覬覦並變成為主權爭議之焦點，面對日益複雜之南海情勢，我政府必須積極維護南海主權，並關注該區域所引發之軍事、經濟與外交等諸問題。無容諱言近年來南海問題業已成為一個非常敏感之地區，並係國際社會潛在之引爆點（flashpoint），中國近年來分別不斷與越南、菲律賓與馬來西亞甚至美國因主權爭議或航道自由（freedom of navigation）發生軍事摩擦或衝突，未來情勢仍甚嚴峻。

我國擁有南海諸島之法理論據

南海諸島之島嶼礁灘共計有兩百餘個，大致分為東沙、西沙、中沙與南沙群島，目前我國在南海諸島中佔有兩個島礁，其中最重要者乃距離台灣 1,600 公里之太平島（Taiping island or Itu Aba island），其面積在海水低潮位時約 0.51 平方公里（相當於 2 座台北市大安森林公園），原係南沙群島中面積最大之島嶼，近年來由於越南、菲律賓與中國競相填海造陸，目前中國在該海域新建 7 個人工島，其中所屬之永暑礁已成為南海最大島嶼，超過太平島 3 倍大，另距太平島 6 公里處有中洲礁，就法理依據而言，中華民國在歷史、地理與國際法等方面之主要論據以及國內外重要談話內容如次：

1. 我政府之立場與主張：早於 1947 年我內政部曾對南海進行實地測量並決定以「十一段線」（又稱 U 形線）作為南海之疆界線並公告「南海諸島位置圖」同時將其納入「中華民國行政區域圖」公開發行。

2. 日本正式歸還我國：中華民國政府於 1952 年 4 月 28 日與日本簽訂中日和約，按該約第二條規定重申有關日本放棄對南沙群島與西沙群島之一切權利，鑒於該合約係屬處分性條約，法律上已發生效果之部分將永遠不會影響已接收領土之權益。

3. 依據國際法「禁反言」（Estoppel）之原則：即當事方不得否定其之前之陳述。當 1947 年我政府公告上述「南海諸島位置圖」時，菲、馬、越、汶等諸國均未對我主張提出任何抗議，換言之，此表示他們接受我主權之主張。

4. 太平島駐軍之事實：自 1956 年迄今太平島一直由我海軍陸戰隊執行護衛工作，近年來為避免南海軍事化，因而改由行政院海巡署駐守，成為維護南海主權之最重要之象徵，中華民國行政院並於 1990 年 2 月核定由高雄市政府所管太平島，行政管轄屬高雄市旗津區中興里 18 鄰南沙 1 號，為維護我在南海主權，馬前總統曾於 2016 年 1 月 28 日親自前往太平島視察伸張我權益，同時我外交部復於 2016 年 3 月 23 日邀請國內外媒體搭機登太平島瞭解事實真相證實我對太平島之論述，然而馬前總統造訪太平島招來美方極罕見之責難，而且我安排國內外記者訪問，越南外交部竟於 2016 年 3 月 24 日竟無理表示，太平島係屬越南之「主權」，台灣之舉措乃侵犯越南主權。

5. 台灣居民充分利用太平島上天然資源：該島上除有 4 個地下

水水井每日出水量達 68 公噸，亦蘊含磷礦與漁業資源島上駐守人員亦在該島種植蔬果以應生活之所需，無論是自法律、經濟與地理角度而言，太平島不僅符合「聯合國海洋公約」（UNCLOS）第 121 條有關島嶼（island）之定義與要件，並能維護人類居住最基本之經濟生活，絕非菲律賓在聯合國仲裁法庭所稱之岩礁（rock），台灣因而有權劃定 200 海里專屬經濟海域。

6. 我政府之行政措施：1993 年初行政院公布「南海政策綱領」，同年 5 月行政院核定「南海政策綱領實施綱要分辦表」，1994 年 10 月修正通過內政部擬定之「南海問題討論會結論分辦表」，1995 年 6 月行政院批准內政部提議成立南海突發事件緊急處理小組，顯示我政府對南海主權問題立場之堅定與重視。

7. 馬前總統曾於 2015 年 5 月 26 日接見「2015 年國際法學會與美國國際學會亞太研究論壇」與會代表時提出「南海和平倡議」：馬總統提出五點呼籲，希望各方自我克制，維持南海區域和平穩定，避免採取升高緊張情勢措施，尊重聯合國憲章與海洋法公約等相關國際法原則與精神，透過對話協商和平解決爭端，共同維護南海地區海、空域航行及飛越自由與安全，將區域內各當事方納入任何有助南海和平與繁榮之體制與措施。馬前總統亦主張擱置主權爭議，建立資源開方合作機制，全面規劃分區開發南海資源，就南海環境保護、科學研究、打擊海上犯罪、人道援助與災害救援等非傳統安全議題建立協調及合作機制。

8. 美國國務院亞太首席副助卿董雲裳（Susan Thornton）2015年5月在布魯金斯研究院演講時，曾在答覆學者提問指出「台

灣在太平島領土之主張係南海爭端聲索方」：此乃美國政府第一次正式公開承認台灣係南海聲索國之地位，2016 年 5 月 3 日他在接受中央社記者之專訪時稱，台灣係美國在東亞之重要夥伴，美國期盼台灣新政府與中國仍能進一步發展關係，絕不要發生任何形式之僵局或危機（stalemate or crisis）。

9. 美國智庫傳統基金會（Heritage foundation）2015 年 10 月 3 日曾舉行「台灣在南海」研討會，許多學者建議東協（ASEAN）會員國不該自陷「一中」原則，應找出讓台灣參與之方法：例如新加坡研究院郭晨熹教授（Lynn Kuok）曾表示，台灣若無法參與南海議題，爭議將難以合理處理，台灣實際上控制南海最大之太平島，海巡船艦定期巡邏，且在南太區域捕魚產業位居要角，因此任何協議均應包含台灣。

台灣在南海問題所面臨之問題

1. 我政府多年來缺乏一套針對國際社會有關我國對於南海諸島主張清楚且有利之論述，以致歐美國家欠缺瞭解，對於我維護南海利益似屬不利，尤其當前南海周邊聲索國步步進逼之情況下，我應加強釐清我政府於 1947 年所提出「十一段線」與中國所提之「九段線」彼此迥異，而且台灣與中國在南海主權主張方面尚無合作之空間，並廣泛週知國際社會。

2. 囿於國際情勢限制，加諸南海各聲索國與我國均無外交關係，他們當不會對上述馬前總統 2015 年 5 月 26 日所提出之「南海和平倡議」與 2016 年 1 月所提出之「南海和平倡議路徑圖」會有任何積極回應，事實上臺灣迄今尚未取得南海主權聲索國之法理（de jure）地位，目前充其量僅為事實上

之聲索國（de facto claimant），因此臺灣一直無法正式參與東協有關南海行為準則會議之談判。

3. 2015 年 5 月 22 日中國時報曾刊登民進黨對美國表示俟執政後，或將考慮放棄南海主權，該報導並稱美國基於本身利益透過智庫，誘使台灣退縮南海主張，台灣若干學者諸如高聖惕教授與王冠雄教授則投書中國時報指出，民進黨若放棄南海主張所造成之傷害包括：（1）放棄我目前未佔領之南海島嶼主張，（2）放棄這些領土周圍之海域主權與管轄權，及（3）放棄 U 行線作為「固有疆域界線」之主張。惟 2015 年 5 月 26 日民進黨主席蔡英文表示，對於南海主權民進黨一向主張以和平手段處理，絕不可能放棄太平島之主權，亦無法接受任何挑釁行為，然而民進黨之台灣智庫副執行長賴怡忠 2015 年 5 月 27 日表示，政府所主張之 U 型線與中國一致，該論點非但與國際海洋法衝突且不符合美國所關切之自由航行主張，因此他力主台灣之立場需與美國一致，然而美國政府究竟對台灣擁有南海主權之主張如何？吾人尚乏確切證據足以確認，惟有美國若干學者之論點似可推敲，例如 2015 年 7 月 24 日美國聯邦眾議院外交委員會亞太小組曾就「美國在南海之安全角色」為題進行討論，美國智庫「戰略暨國際級研究中心」學者拉普胡珀作證時指出，美國官員曾敦促台灣釐清十一段線這個不透明之主張，惟遭台灣所拒絕。

4. 1982 年聯合國海洋法公約僅規範海域線，並要求對海域之主張須沿自陸地（land features），未承認歷史性權力為主張專屬經濟區域或延長中國礁層之依據，並未對有關島嶼主權有所規定，因此該公約似難以解決南海主權糾紛之主要依據。

5. 東協於 1994 年宣布，在南海問題上「今後對外將以集體名義而不以雙邊名義接受談判」，因此在南海問題因應之道台灣僅能謀求多邊框架下之解決方案。

6. 美國基於本身國家利益，避免與中國直接發生衝突，美國清楚表示不為聲索國之主權議題背書，盼各方以和平方法處理，美國一再表明不會採取立場或政策主張，因此美國似難確保南海之航行自由與相關小國之權益，惟美國卻認為中國所聲稱「九段線」之主張未能完全符合「聯合國海洋公約」之規範，為區域增添許多不確定性。美國國防部長赫格爾（Chuck Hagel）曾於 2014 年 5 月 30 日在香格里拉對話會議中表示中國在南海係採單邊主權聲索行動破壞穩定，重申美方對相關主權主張不持立場，惟堅決反對任何國家使用威嚇、強制或威脅使用武力進行相關領土主張，反對任何國家以任何方式限制飛航或海上航行自由，不論涉及軍事或民間船隻，抑或牽涉大國或小國，若國際秩序基本原則受到挑戰時，美國不會坐視不管。2015 年 8 月 5 日美國國務卿柯瑞與中國外長王毅曾就南海問題舉行會談，王毅向美方送出強烈訊息，強調與南海領土主權無關之國家諸如美國，應讓中國與其他主權聲索國自行解決該爭端。

7. 關於臺海兩岸今後是否在南海問題有合作之可能性，雖然維護南海權益係雙方共同立場與利益，惟其關鍵仍在於中國仍堅持其「一個中國」之原則，不予臺灣官方地位與對等權力，致令臺灣難以與中國採取面對面對等談判與合作關係。此外，台灣外交部 2016 年 4 月 4 日表示，中華民國政府向來採獨立自主之外交政策，並曾多次重申不在海域議題與中國聯手，此一立場迄今未改變。

8. 中國初曾於 2013 年底在東海劃設防空識別區外，2015 年初復在發行新護照上印有包括南海之中國領土地圖，益加顯示中國企圖強化其南海之主張，同時根據美國國防部 2015 年 5 月之「中國軍力報告」顯示中國正採取漸進方式（salami-slicing）在南海七個島礁填海造陸旨在修建 3,000 公尺機場跑道設施與軍用港口，截至 2015 年 6 月底為止，中國在南海填海造陸面積廣達 2,000 英畝，其最終目的乃建設具軍事用途之港口以及空中預警雷達、機場、地對空飛彈、通訊與偵察系統，該舉措令周邊國家高度警惕。2015 年 5 月 16 日美國國務卿凱瑞訪問北京時，曾與中國外長王毅舉行會談，凱瑞希望中國克制近期在南海填海造礁之爭議行為，惟遭到王毅之回絕，他聲稱中國在維護國家主權與領土完整之意志「堅如磐石」，警告美國不要誤判情勢。中國在南海議題採取之強硬立場並拒絕菲律賓訴諸國際仲裁之作法著實令人憂心。

9. 就南海議題而言，領海與專屬經濟海域不僅可從海岸基線算起，亦可自島嶼延伸，此必增加解決未來相關國家主張之複雜性。

10. 菲律賓政府就南海爭議問題已於 2013 年交由海牙之聯合國常設仲裁法庭進行仲裁，事實上該仲裁案係美國暗助菲律賓所導演之一場大戲，其旨在基於美國戰略利益充分享有全面公海自由航行權，雖然中國於 2014 年拒絕接受參與仲裁案，該法庭業於 2015 年 7 月受理該仲裁案，並業於 2016 年 7 月 12 日公布仲裁結果，不但稱中國九段線主張之歷史權利無法律依據，台灣所擁有之太平島係法律上之礁岩（rock）而非屬島嶼，不能擁有專屬經濟海域或大陸棚。

該仲裁結果影響我南海 U 型線主權主張之認定，2015 年 7 月 13 日該仲裁庭已結束對本案是否享有管轄權之初步聽審，台灣原擬派小型代表團以觀察員身分參加海牙仲裁庭之聽審，惟該申請卻被拒絕，反而非爭端當事國之印尼、泰國與日本卻被允許參加，且本案之第三方越南與馬來西亞均被獲准以觀察員身分參加，台灣之處境誠情何以堪？2015 年 11 月國際仲裁庭之第二階段口頭辯論中，菲律賓主張太平島係「岩礁」而非「島嶼」，試圖藉以影響我權益，馬前總統 2016 年 3 月 23 日曾召開中外記者會，對於菲律賓之說法，批評菲方非常荒謬、隱瞞真相、誤導仲裁員乃係不誠實作法。

南海爭議未來發展之前瞻

1. 目前全球每年約有 5 兆美元海運貿易通過南海水域，南海主權爭端涉及高度之海洋法問題，近年來南海緊張情勢日益緊張，該爭議國際化不斷升高，尤其中國近期內在南海填海造陸建軍，其速度與規模均前所未見，殊令東南亞相關國家深感不安，並提高中國與美國以及日本間之對峙與緊張，南海新冷戰之格局業已顯現。

2. 中華民國係南海六個聲索國之一，東協除應落實「南海各方行為宣言」（DOC）以及加速促成「南海行為準則」（COC）外，東協各相關國家今後務應找出機制讓台灣參與方為正途。

3. 我國在南海問題上不應長期保持沉默或低調，務應將此一議題置於「核心利益」之層次，早日針對新情勢制定出一個整體之南海政策，同時亦應及時加強我在太平島之嚇阻力量，

蓋因南海係兵家必爭之地，若無強勁軍事實力做後盾一切均屬枉然。然而鑑於 2015 年 5 月 29 日於新加坡舉行第 14 屆之香格里拉亞洲安全對話會議，美國國防部長卡特呼籲南海諸國立刻且永遠停止在南海之填海造陸工程，表面上該要求係在針對中國，不過對台灣目前與未來在太平島之防務部署或亦會產生相當程度之制約作用，台灣在南海處境將日益艱難。

4. 基於國際法「條約不予第三國權利義務」之原則，政府似應不斷對外強調凡未經我政府參與協商之任何協議，我國一概不予承認。例如 2016 年 7 月 12 日台灣外交部發表聲明對於荷蘭海牙國際仲裁法院之仲裁結果絕對不能接受。

5. 我政府對南海之一貫主張係堅持擁有南海諸島及其周圍海域之主權，並願持續籲請相關各方依據國際法之原則與精神和平解決爭端，惟台灣應積極爭取美國之支持，例如 2015 年 9 月 28 日美國國會參眾議院協商通過明年之「國防授權法案」，其中在南海倡議部分，授權美國與包括台灣等國家進行相關訓練交流合作，此對台灣應屬有利，我理應充分配合。

6. 鑑於南海相關聲索國迄未對馬前總統所提出「南海和平倡議」有所回應，台灣今後似可考慮兩岸在「九二共識」之基礎上，針對如何處理南海問題與中國進行某種程度之磋商與討論，俾利兩岸關係良性發展與穩定區域和平。

7. 第 26 屆東協高峰會 2015 年 4 月 24 日在馬來西亞吉隆坡舉行，曾對南海問題進行討論，菲律賓與越南均表示至盼東協能對中國填海造陸之舉措有所強硬作為，惟馬來西亞等國顧及本身經濟利益，最後僅在聲明中以不指名方式提及南海填海造陸（land reclamation）會造成不良影響，亦強調爭議應

在東協機制下協商解決，此種作為似間接呼應中國之立場。

8. 美國史丹佛大學 2015 年 6 月 8 日曾與馬前總統進行視訊會議，美國若干學者針對南海議題提出以下諸質殊值我國注意：台灣所提出南海和平倡議並未說明十一段線主張之合法性？台灣尚未依據國際海洋法公約劃定太平島之專屬經濟海域？今後台灣是否會與中國合作共同開發南海？中國迄仍對我南海和平倡議反應冷淡（cold response）？以及中國如果在南海空域設立航空識別區，台灣該如何回應？事實上中國外交部發言人華春瑩 2015 年 5 月 26 日在例行記者會對台灣之南海倡議，強調「兩岸中國人有義務共同維護國家領土主權與海洋權益」，惟我陸委會則表示我國對南海擁有主權，「兩岸沒有合作空間之立場」迄今並沒有改變。

9. 2009 年 11 月 30 日至 12 月 1 日國立政治大學國關中心與中國南海研究院曾假外交部外交領事人員講習所召開第七屆「海峽兩岸南海會議」學術研討會，會中中國南海研究院院長吳士存博士致詞提議設立「兩岸南海合作機制」並獲在場台灣學者之支持，鑒於南海問題涉及主權聲索國較多，且歷史問題與政治現實交織，導致南海問題較東海爭議更為複雜，然而維護南海主權係台海兩岸共同利益，台灣似可考慮從漁業合作與海上救援等層面進行合作，惟台灣外交部 2015 年 7 月 24 日重申台灣不會就南海問題與中國聯手，此一立場十分堅定且不會改變。

10. 日本國會眾議院 2015 年 7 月 16 日通過新安保相關法案，允許日本自衛隊赴海外作戰，日本並表示今後會因應中國在南海地區製造緊張情勢，日本可能參與南海偵察任務，中國國防部長常萬全 7 月 16 日旋即警告日本切實汲取歷史

教訓，尊重亞洲鄰國之關切，在軍事安全領域慎重行事，絕不要損害中國主權及安全利益。

11. 鑒於美國國防部長卡特曾於 2016 年 5 月定調中國與美國在南海之情勢形同「新冷戰」，中國已係「自我孤立之長城」（building a great wall of self-isolation）並揚言將在南海地區重新部署 B-52 戰略轟炸機，今後倘美國持續挑戰中國在南海之主權，同時俟中國掌握南海之管控後，中國或將進一步公告「南海防空識別區」以利其南海主權之聲張與海洋支援之開發，是舉必將造成南海之不穩定，台灣對未來之發展情勢應格外注意。

12. 中華民國外交部 2016 年 5 月 13 日發表聲明稱，台灣政府為捍衛太平道係島非礁，曾邀請菲律賓政府派人前往實地登島視察，惟菲方以口頭與書面方式予以拒絕，同時台灣亦歡迎荷蘭海牙常設仲裁庭 5 位仲裁員赴太平島瞭解真相，台灣政府因而聲稱今後倘上述仲裁庭做出錯誤判斷損及中華民國南海主權與海域權利，對中華民國不具任何法律拘束力，台灣既不承認亦不接受。此外，2016 年 7 月 13 日台灣總統府強調南海仲裁案對太平島之認定嚴重損及我海域權利，我方絕不接受，並主張判決對台灣不具法律效力，尤其該案審理過程中並未邀請台灣參與亦從未徵詢我方意見。外交部李大維部長同時表示，上述判決書以「中國台灣當局」（Taiwan Authority of China）不當稱呼我國，貶抑我作為主權國家之地位，太平島原不在菲律賓請求裁判的標的，仲裁庭卻自行擴權，我方完全無法接受。

13. 七國高峰會（G7）2016 年 5 月 26 日與 27 日曾假日本伊勢志摩舉行，會後發表領袖宣言（Leader's Declaration），該

宣言針對南海問題特別暗指中國稱，各國領袖表示對南海
局勢之關切，呼籲停止加劇緊張之單方面行動，確認通過
仲裁等法律方式和平解決紛爭之重要性，惟中國對日本與
七國高峰會之作法表示強烈不滿。

14.2016 年 6 月 4 日日本「外交學者」曾刊載「中國在南海勝
券在握？」一文預測，中國業已評估美國係一個逐漸衰落
之強權，而且無法真正召集大多數國家組成一個「反中聯
盟」，同時從歷史層面或戰略思維方面均可斷定美國無力
與中國打一場持久戰，充其量美國僅能虛張聲勢聊備一
格，因此長遠以觀中國在南海勝券在握，事實上美國雖不
斷聲稱維護海洋國際法，惟美國迄今尚未簽署 1982 年之「聯
合國海洋公約」，因此美國似自損其立場。此外，川普就
任美國總統候將推動其「新孤立主義」，不再積極介入全
球事務，或將有助緩和美中兩國在南海之對峙，「亞洲再
平衡」政策將成為歷史名詞。

第三節　台灣加入「跨太平洋夥伴關係協定」（TPP）所面臨之挑戰與前瞻

台灣參與 TPP 之重要性

鑒於 WTO 新回合多邊貿易自由化談判前景遙遙無期，加諸

台灣在加入 RCEP、亞投行以及台灣與全球各經貿大國洽簽 FTA 均遭到諸多困難，因此我加入 TPP 與否對我國家利益至關重要，台灣若能參與將可以進一步拓展台灣在亞太地區之經貿空間，其重要性似可從以下五個層面加以說明：

1. 就 TPP 之貿易規模與在全球 GDP 所占之比重而言—TPP 十二國包括紐西蘭、新加坡、智利、汶萊、澳洲、祕魯、越南、馬來西亞、美國、加拿大、墨西哥及日本，TPP 涵蓋全球前三大經濟體之美國與日本，以 2015 年世界貿易總額加以觀察，TPP 十二國占全球比重之 27%，另 TPP 經濟規模約 25 兆 9 千億美元占全球 GDP 總值比重 38%，為全球經濟規模最大之區域經濟組織。

2. 就 TPP 十二個會員國佔台灣總貿易額以觀—2015 年該十二個會員國佔台灣總貿易額約 2000 億美元其比重達 35.85%，出口總額所佔之比重為 33%，若再就未來關稅減讓之出口效果而言其結果相當可觀。台灣若能成功加入 TPP，除了可以連結 ASEAN 之馬來西亞、新加坡、汶萊、越南等四國，同時與台灣第二大及第三大貿易夥伴之美國與日本分別進行經濟整合，並可深化台灣與南美洲之智利與祕魯以及大洋洲之澳洲與紐西蘭經貿關係，台灣加入 TPP 並能享受關稅減免及市場開放之成果。

3. 就台灣融入亞太區域經濟整合之角度觀察—台灣加入 TPP 當亦有助於台灣融入亞太區域經濟之整合，提高 APEC 實踐亞太自由貿易區（FTAAP）之機率。2010 年 APEC 領袖宣言提到：「FTAAP 係 APEC 邁向區域經濟整合之主要手段，FTAAP 將藉由 TPP、ASEAN+3、ASEAN+6 等自由貿易協定，以及 APEC 貿易目標相關工作，達成廣泛自由貿易協定

之目標。」台灣係 APEC 之會員體，實踐 FTAAP 將有利於台灣擴展亞太區域經濟整合，同時從 FTA 之角度以觀，台灣加入 TPP 等於一次與 12 個成員國均簽署 FTA，當能提升我產業產值更創造出口效益，其意義殊屬重大。

4. 從打破中國一貫孤立台灣之角度觀察─由於「一個中國」政策與主權觀點之拘束，台灣飽受於中國長期打壓，導致我政府推動外交甚至經貿經常受到「非經濟因素」之阻力，因此政府希望加入 TPP 以突破困境，從而擺脫中國對台灣之排擠效應。就事實而言，TPP 不僅係美國核心經濟政策，更係美國重要之戰略布局，美國雖表面上多次宣稱歡迎中國加入，惟實質上美國最顧忌者厥為不讓中國主導制定國際貿易之規則，同時美國外交政策之主軸旨在阻撓中國之持續崛起與國力不斷上升，冀圖利用 TPP 牽制或抗衡中國在亞洲勢力之崛起，同時貫徹美國「再平衡」政策重返亞太之思維，因此台灣加入 TPP 殊具多重意義。

5. 若台灣加入 TPP 之實際受惠情形以觀─據學術界評估經由關稅消除，國內總產值將可提升約 130 億美元，尤以紡織業、化學塑膠橡膠製品業、成衣、皮革、金屬製品及汽車零件產業等增幅最大，服務產值至少可成長 30 億美元，台灣對外總體貿易出口值約可增加 140 億美元以上。

台灣產官學界對加入 TPP 之立場

1. 我政府立場：2014 年 4 月 2 日馬前總統接見「瑞士洛桑國際管理學院」（IMD）院長杜道明（Dominique V. Turpin），總統向訪賓表示，目前我已分別與中國簽署「兩岸經濟協議」

（ECFA）及與日本簽署「台日投資保障協議」，並重啟台美「貿易暨投資架構協定」（TIFA）會議談判，未來亦將積極參與區域經濟整合，期能盡快加入 TPP 以及「區域全面經濟夥伴關係」（RCEP），俾促使台灣在這波區域經濟整合中扮演重要之角色，惟在 TPP 與 RCEP 兩者間，台灣仍以加入 TPP 為優先考慮。對於台灣加入 TPP 之利弊分析經濟部表示其利大於弊，惟該部自評目前我國加入 TPP 最大之障礙乃國內農業開放問題。

2. 總統蔡英文 2015 年 6 月 3 日在其大選期間訪美時曾在美國智庫「戰略暨國際研究中心」（CSIS）演說重申台灣有決心做好加入 TPP 之各項準備工作，伊強調台灣對於參加 TPP 有迫切需要，民進黨已設立一個 TPP 特別小組，探討加入 TPP 所涉及貿易自由化之各重要層面問題

3. 立法委員之看法：2015 年 3 月 25 日立法院在質詢經濟部有關加入 TPP 時，立委蔡煌瑯曾表示支持我國簽署 TPP 之原因乃希望擺脫中國對我國經貿之絕對影響力，希望能分散我國對中國之經貿依賴，他亦指出如果簽署 TPP 可能會對我國農畜牧業有「毀滅性」之影響，2016 年 4 月 28 日國民黨曾公布民調，反對開放美國瘦肉精豬肉高達 7 成，因此新政府今後要有萬全之準備，並研擬對受衝擊產業之相關配套措施。立委蕭美琴亦有不少疑慮，他提到我國對於簽署 TPP 相關準備之研究與日本當年在加入 TPP 前所作之周全準備差了一大截，尤其是個別 12 個 TPP 國家與我國產業之間，雙方究竟係互補或競爭關係之研析數據均匱乏，我國政府今後仍需再做進一步努力。

4. 我學術界之評估：根據經濟部委託中華經濟研究院於 2014

年以電腦模組初步統計，台灣加入 TPP 農業產值雖可能減少 24.42 億美元，惟在工業、服務業產值與社會福利均會增加。初步評估台灣加入 TPP 後，國內生產毛額（GDP）約增加 1.46%；社會福利約增加 36 億美元；工業部門受益最大，紡織產值約增加 44.59 億美元，化學塑膠橡膠織品業產值約增加 20.23 億美元；成衣皮革製品產值約增 12 億至 14 億美元；服務業總產值約提升 115.62 億美元。中央大學經濟系教授邱俊榮曾於 2014 年 1 月 6 日表示台灣若要加入 TPP 須先對洽簽之清單、步驟、規劃等準備妥當，惟迄今尚未看出政府有何準備，包括 FTA 對台灣農業之衝擊方面，亦不知政府要如何處理，若政府在心態上沒辦法調整，如對台灣尚存有保護主義，今後要與其他國家簽訂 FTA 時就會碰到困難。2014 年中經院研究員劉大年指出 TPP 係屬高品質高標準之二十一世紀協定典範，不僅標榜成員國須達到邊境上之全面自由化，有關邊境內議題，例如電信、國營事業、環境與勞工等亦須配合法規鬆綁。他強調參加 TPP 有得必有失，特別是我國在醫療、金融、教育、電信與開放對外人投資等諸領域，未來調整開放過程所將付出之代價極高，惟長遠以觀卻有助台灣產業結構進一步調整。中華經濟研究院 WTO 中心副執行長李淳亦稱，台灣若要加入 TPP 國內在法令規章上必須與國際接軌，因此政府扮演非常吃重之角色，今後台灣自由化之重點在於運輸服務與金融方面這亦係美國最在意的。李副執行長於 2015 年 4 月 23 日假哈佛大學費正清中心之學術研討會曾稱參與 TPP 可化解我對中國經濟過度依賴之隱憂，並避免在全球或區域經濟遭邊緣化之可能性，倘台灣加入 TPP，當可對區域經濟發展做出貢獻，惟台灣須面

對之挑戰包括「中國先於台灣加入」（China First）之默契約制以及台灣自身需先進行國內改革開放之決心與準備等。

中國對 TPP 之態度

1. 以往中國官方對 TPP 多持批評態度，他們在認知方面認為美國欲利用 TPP 以孤立中國，然而近年來隨著主客觀環境之變化其態度略有所改變，例如 2011 年 9 月中國政府曾公開表示中國對參與 TPP 談判之立場採開放立場，並表示中國政府不反對 TPP 並歡迎任何區域或是雙邊之安排。中國前國家主席胡錦濤在 2011 年 APEC 企業領袖高峰會議上之演說中，更不時呼籲各國維護多邊貿易體制，同時支持以東亞自由貿易區、東亞全面經濟夥伴關係及 TPP 等為基礎之亞太區域經濟整合目標，當時中國採取不反對亦不積極加入之立場為其未來推動「東亞自由貿易區」、「東亞全面經濟夥伴關係」或是參與 TPP 談判之策略，預留了不少想像空間，美國商務部副部長桑切斯（Francisco J. Sanchez）曾在訪問日本時曾於 2014 年 5 月 16 日表示，在一定前提下歡迎中國加入 TPP，他強調 TPP 係一開放之平台，絕無排斥中國之意圖。對此中國商務部新聞發言人沈丹陽 2014 年 6 月 30 日表示中國將再會認真研究分析加入 TPP 之利弊與可能性，同時該商務部副部長魏建國亦聲稱在必要時將加入 TPP，中國絕不能被邊緣化或被排斥。

2. 中國所考慮之因素包括美國在 TPP 中強調要監督任何成員國不得對國營企業有所補助，此一要求對中國而言難度甚高，同時 TPP 規定電信產業之網際網路必須自由化，中國則

認為此項規範危及其「國家安全」，至於勞工議題及智慧產權保護問題更係多年來中國自由化無法突破之瓶頸，上述各領域之要求，將為中國是否將加入 TPP 之立場帶來變數。俄羅斯總統普丁痛批「TPP 係美國為追求自身利益而推動成立之區域合作體制」藉以聯手中國抵制美國之 TPP。

3. 中國以新興強國之姿，挾其強大經貿實力，成為亞太地區龍頭之意圖不言可喻，而中國所倡議成立亞投行與「一帶一路」等即係明證，今後短期內中國當局應不會將加入 TPP 列為其優先順序。

美國對台灣擬參與 TPP 之反應

1. 我推動參與 TPP 之決心亦獲美行政部門回應，自 2014 年迄今包括國務卿凱瑞，國務院亞太助卿羅素（Daniel Russel），時任亞太副助卿即現任美國在台協會（AIT）處長梅建華（Kin Moy），國務院經濟暨商業局助理國務卿李夫金（Charles Rivkin）與首席副助理國務卿唐偉康（Kurt Tong）等人皆表示歡迎台灣參與 TPP 之意願。同時美國會亦展現對我案之支持，包括參眾兩院外委會主席 Robert Menendez 及羅伊斯（Ed Royce）等重量級議員均公開表達對我之支持，2014 年 4 月計有 52 名參議員聯名致函歐巴馬總統，肯定我對參與 TPP 之期望。

2. 台北美國商會 2015 年 6 月 4 日所發布之「2015 年台灣白皮書」呼籲台灣應積極加入 TPP 成為第二輪候選國，以符合台灣之長遠國家利益並展現對貿易自由化與國際規範標準之決心，該商會同時建議我政府行政院下成立 TPP 工作小組．

專責推動改革並確保各部會改革措施不悖離國際慣例，諸如在醫療器材之訂單、環保回收標籤、金融服務電子商務法規，化妝品廣告之限制等方面，台灣均需縮小與國際實務間之差距，該商會 2016 年 1 月 20 日公布「2016 年景氣調查報告」，並指出台灣加入 TPP 等區域經濟整合之不確定性業已增加，當務之急台灣應進一步加強對法規之透明度並及早修改法規與國際接軌，同時建議台灣應增強基礎建設、人力投資、就業機會以及擴大內需等方面。

3. 美國傳統基金會於 2015 年 6 月舉辦研討會時，美國貿易代表 Michael Froman 當場表示對我國加入 TPP 案採正面態度，他表示關於台灣擬加入 TPP 乙節，TPP 開放給所有 APEC 經濟體（包括台灣）加入，只要它們證明已做妥符合高標準協定之準備，他同時表示美國許多學者專家均認為台灣應及早加入 TPP。

4. 美國國務卿凱瑞（John Kerry）曾分別於 2015 年 4 月下旬向國會議員康納利（Gerr y Connolly）表示以及於 2015 年 2 月 25 日書面答覆國會眾議院外交委員會主席羅伊斯稱，台灣、菲律賓與南韓均表示有意加入 TPP，美國已針對這些國家加入 TPP 第二輪談判進行諮商程序，他同時指出，台灣係美國「向亞洲再平衡」政策之關鍵構成部分（a key component）亦為美國第 10 大貿易夥伴，美國亟為重視與台灣間之安全與經貿關係，美國歡迎台灣加入 TPP 之興趣。同時美國目前正藉由 TIFA 平台與台灣推動廣泛之貿易與投資議題。

5. 美國前國務卿歐布萊特（Madeleine Albright）2015 年 3 月 31 日在「戰略暨國際研究中心」發表專題演說，表示歐巴馬政府應檢討對亞投行之立場，尋求與中國合作之機會，同時

應鼓勵陸方加入 TPP 俾成為國際經貿體系負責之一員，蓋因中國係世界強權之一，國際社會不宜予以孤立。

6. 美國國務院經濟暨商業事務助理國務卿芮福金（Charles H. Rivkin）2015 年 6 月訪台時表示，經濟政策即外交政策，外交政策亦係經濟政策，TPP 之重要性不僅在於經濟層面，亦包括國家安全面向，台灣係美國第 10 大貿易夥伴與農業第 7 大輸出國，並經手全世界 90%智慧型手機，將係未來數位經濟之核心，他並宣布成立「美台數位經濟論壇」（US-Taiwan digital economy forum），他強調台灣若要參與 TPP，需要政府之決心與在野黨之支持，同時台灣必須充分準備符合 TPP 之高標準高規格，絕不可錯過搭上 TPP 第二輪諮商之列車。

7. 美國華府智庫大西洋理事會 2015 年 6 月 25 日發表「形塑亞太未來」報告中建議，TPP 完成首輪談判後，美國應立即尋求區域內其他成員參與，以南韓、台灣、菲律賓、泰國與印尼為優先，美國亦應清楚表明歡迎中國加入。

8. 前美國在臺協會理事主席即現任美國智庫 Brookings 研究院研究中心主任卜睿哲 2014 年 10 月 28 日曾表示，中國係台灣加入 TPP 之關鍵變數，世界貿易組織（WTO）模式可做為中國與台灣同時加入之參考，惟台灣是否能進行內部改革達至 TPP 標準亦為一大因素。

參與 TPP 台灣所將面臨之挑戰與問題

1. 台灣加入 TPP 得付出代價，尤其必須面對加入 TPP 高規格市場開放之衝擊，倘台灣無法順利參與 TPP，恐須面對產業與投資外移「空洞化」（hollowing out）後果以及人才外流

等諸多危機。

2. 台灣加入 TPP 我國之農產品勢必須全面開放，按 2014 年我農業產值約新台幣 4,723 億元，約占我 GDP 之 1.76%，屆時面對 TPP 會員國尤其美國、紐西蘭、澳洲與越南之農產品大軍壓境之競爭壓力，政府將面臨保護與開放我國農產品之雙重難題，因此我應知己知彼事前做妥萬全準備並採取少輸為贏之策略，2015 年 5 月 25 日農委會前主委陳保基在立法院經濟委員會表示，為早日加入 TPP 台灣農業必須改變其結構，在未來三年內應逐步減少 3 萬公頃水稻農田面積，進口替代物增加 2 萬公頃，稻作價格亦應作必要之提升。

3. 今後是否所有 TPP 十二個成員均能否達成共識決同意台灣加入殊為一大「變數」，按中國係其中 6 國之第 1 大貿易夥伴，其他 6 國為 2 大貿易夥伴，例如智利與祕魯均已與中國簽署自由貿易協定且皆為中國最大貿易夥伴，他們基於政治考量，曾向台灣表示若美國同意且中國不反對，即支持台灣加入 TPP，這些國家今後主動表示支持台灣加入 TPP 之可能性甚低，因此今後政府須突破萬難採取多元接洽與 TPP 各個成員進行雙邊諮商，未來兩年將係最關鍵時期。

4. 台灣對於加入 TPP 事前所該準備之十個事項包括撤除關稅、投資、金融服務、勞工、政府採購、智慧財產權、環境保護、競爭政策、爭端解決與國營企業等。

台灣未來努力之方向

1. 贏的策略——就日本加入 TPP 之經驗以觀，爭取美國公開表態給予積極全面支持殊屬重要，事實上日本在不到 4 個月之

時間內順利獲得 TPP 所有成員共識同意加入 TPP，其成功主因乃在於美國之背後全力支持。至於台灣能否獲得美國之支撐，美豬叩關乃為關鍵因素，美方立場實際上即台灣若不開放含瘦肉精美豬 TPP 就免談，因此農委會主委曹啟鴻曾於 2016 年 4 月 22 日曾稱鑒於日本與南韓均分別同意進口，因此美豬進口台灣絕對擋不住（Taiwan can not afford not to open its doors），然而馬前政府一直抗拒且不敢提開放美豬顯示其懦弱之痼疾殊令人深感悵然，事實上此乃魚與熊掌之問題，必須權衡輕重勇敢做出取捨，若加入 TPP 將可迫使台灣加速體制改革與法規鬆綁，對吸引外資裨益甚多，因此對台灣整體利益大於個別產業之衝擊且符合國際自由貿易原則即可斷然裁決，今後台美雙方將持續磋商貿易及投資架構協定（TIFA），我方仍應向美方提出加入 TPP、台美雙邊投資協定（BIA）以及美豬進口等議題，此對台灣而言乃一絕佳之契機，今後應持續與美方談判並釋出善意方能以竟全功。2016 年 4 月 22 日台灣行政院對於美豬開放問題重申 4 個原則即確保食品安全、降低產業衝擊、國際規範接軌與建立全方位溝通機制。台灣亦應高度關注外匯政策，蓋因 2016 年 4 月 30 日台灣已被美國引入「觀察名單」（monitoring list），台灣似缺乏太多選擇必須正視問題，透過談判降低衝擊。

2. 日本經驗——在日本決定加入 TPP 之前亦面臨國內許多難題，惟日本政府在決策過程中，花費極大心力採開誠佈公之態度與農民進行說明與溝通並提出具體之配套措施爭取農民支持，誠為我國借鏡參考之好範例。

3. 國內改革——對於外界之批評我政府應虛心接受反求諸

己,務必及早自由化、市場開放與法規鬆綁以創造有利條件與世界接軌進而提升台灣經濟動能與競爭力,事實上加入TPP之戰場主要在國內而非國外。

4. 專責單位——行政院允宜設立一個超部會之「加入TPP專案小組」從而統籌部內外所有資源與人力,雖然2013行政院就設有「國際經貿策略小組」,然而由於各部會本位主義作崇以及外交孤立因素所致,TPP之推動進度甚為有限,今後似應強化該超部會之專案工作小組之功能全力以赴。坦白言之,對於有意加入下一輪談判之台灣而言,其中12個成員國僅美國與日本口頭對台灣之意願表明歡迎之意,惟絕未直接提及「支持」一詞,此形同口惠實不至(lip service),其餘10國則始終持以觀望態度從未表態,而且台灣內部由蕭前副總統所主持民間委員會亦形同虛設毫無起色,吾人必須反躬自省究竟當前台灣內部之改革是否已符合 TPP 高標準自由化之要求?

5. 管制目標——責成該TPP 12個成員國之我駐外館處全力接洽駐在國政府並列入管制目標,俾向成員國展現我自由化之努力與決心

6. 台灣似可以「亞太經合會」(APEC)之模式「中華台北」之名義加入亞投行從而減低中國之阻力,目前美國歐巴馬總統正積極地向美國國會議員進行遊說,參議院並已於2015年5月22日表決通過「貿易促進授權法案」(TPA),同年6月25日眾議院亦表決通過,進一步增加TPP成員國對美國之信心,該TPP 12國貿易部長在美國亞特蘭大之第一輪談判歷經逾5年之努力,終於2015年10月5日就實質內容達成協議,2017年11月生效,今後台灣是否有機會趕上

TPP 第二輪談判仍有待觀察。

7. 就台灣國家利益與政策目標而言，我國在加入經濟區域整合之路途當中，優先爭取加入 TPP 似屬最可行之方案，蓋因 TPP 係由美國主導，不會刻意阻撓台灣，獲准加入之成功機會較大，而 RCEP 係由中國操盤，必然會以主權問題刁難台灣，因此政府應傾全力加入 TPP，惟未來之前程仍甚為崎嶇（rocky），前經濟部長即現任政務委員鄧振中 2015 年 10 月 6 日在立法院總質詢時，他竟隨意地答覆立委稱有 70% 把握能於 2-3 年內順利加入 TPP，惟若吾人審慎思考美國當前之態度，其他 11 個會員國曖昧立場，加諸中國潛在之阻力與我國內部開放之緩慢程度以及內部歧見仍難以化解等實際情形以觀，倘上述主客觀因素不變，台灣恐難於 5 至 6 年內達陣。

8. 然而美國對加入 TPP 本身之立場，由於新當選之總統川普明確反對 TPP 之理念並宣示上任後將退出 TPP，保護主義與反自由貿易情緒似乎佔上風，2016 年 5 月 18 日美國國際貿易委員會（US International Trade Commission）公布研究報告稱，TPP 對美國經濟助益不大，恐對勞工將係一場災難，因此 TPP 在 2016 年欲獲得美國國會通過之可能性甚為渺茫，一切恐會推遲至 2017 年之後，惟 2016 年 10 月 14 日美國國務院主管經濟與商務事務之副助卿浦維達（Daniel Sepulveda）稱，從美國以往之政治發展以觀，國會不曾有過完全否定或拒絕一個貿易協定之記錄，渠堅信美國國會終會通過 TPP 之批准。就上述川普總統之態度以觀，TPP 之前景顯然不明，台灣政府除仍須進行產業轉型對未來加入 TPP 預作妥善準備外，同時亦應積極與美方推動台美雙邊自由貿易協定

（FTA）與雙邊投資協定（BIA），從而穩定台灣之定位，並為新南方政策奠定基礎，俾收事半功倍之效。

第六章

台灣踏實外交
未來發展因應之道

展望未來國際局勢詭譎多變且兩岸關係仍甚敏感與複雜至今難解，台灣要在國際社會逆境求生，需要一個和平穩定之台海環境，做為一個「中級強國」台灣國力固擁有諸多潛力與強項，亦面臨許多困難與挑戰，鑒於中國政策與外交政策息息相關，過去八年活路外交雖獲得若干具體成果，惟仍無法根本解決我外交困境，台灣之國際處境依然困難，新政府伊始，由於蔡總統在就職演說與 2016 年國慶演說均表示尊重 1992 年兩岸會談之歷史事實，強調以「九二會談」取代「九二共識」，甚至完全未提及「九二共識」，北京不再對民進黨有所期待，甚至認為兩岸已無協商之政治基礎，雙方正式之溝通管道業已中斷，例如台灣陸委會2016 年 9 月向立法院直言兩岸原擬互設辦事處等 6 項工作均已停頓，兩案所簽署生效之 21 項協議亦將陷入停擺，兩岸關係不確定性持續惡化，蝴蝶效應（butterfly effect）必然存在，中國之反制行動或將與日俱增進一步擴大，未來外交發展之路將永遠受限於「中國因素」，馬前政府之活路外交或外交休兵業已結束，兩岸外交競爭已進入「作戰期」，例如聖多美普林西比 2016 年 12月 21 日宣布與台灣斷交，這係蔡總統上任以來失去之第一個邦交國，在沒有「九二共識」下，今後或將面臨一斷交骨牌危機，兩岸穩定現狀恐將不再維繫誠深令人憂慮，惟吾人可以斷言前景絕對將無法「保持現狀」，甚至情況會逐步變差，基於維護國家利益，吾人別無選擇仍應嚴肅面對並須放手一搏，雙方須從分歧之中尋求共識，從競爭中謀求合作，共同求取相互利益，莎士比亞名劇「王子復仇記」曾有一膾炙人口之名言：「生存或係毀滅，真費思量」（To be , or not to be; that is the question），這段哈姆雷特王子獨白或可做為台灣當前外交處境之最佳寫照。英國首相邱吉爾 （Winston Churchill）在 1950 年組閣時曾在下議院演說勉

勵其國人稱「無論道路多麼遙遠與艱難，都要爭取勝利，因為沒有勝利就無法生存」，美國前總統老羅斯福（Theodore Reosevelt）曾云：「我知道要奮戰不懈，滿腔熱血全力以赴，毅然投身崇高志業放膽去做。」德國詩人尼采（Friedrich Nietzsche）亦曾謂「凡殺不死我，必使我強大」（What does not kill me makes me stronger），面對未來外交艱苦之前程，新政府務推動踏實外交須考量整體利益攻守兼備勇敢承當，外交係可能之藝術（Diplomacy is the art of the possible），我應預謀因應與反制之道，從而確保我國家主權並存有以下諸信念如次：

1. 台灣在制定其外交政策之過程，在理論架構上似應參考美國國際政治大師摩根索（Hans J. Morgenthau）在其名著「國際政治」（Politics among Nations: The Struggle for Power and Peace）之思維，即主張以追求國家安全與經濟利益在內之國家利益為依歸之現實主義（realism），擺脫任何意識形態與理想主義之限制或約束，蓋因當前國際社會仍處於近乎無政府狀態（anarchy）而且聯合國在扮演國際安全與和平之功能甚為有限，主權國家所崇尚之道德與法律徒為藉口或掩飾，國家應自立自強並將國家利益列為其核心價值並利用各種手段與實際做法對症下藥以達致該目標。新政府應改變以往兩岸關係高於外交關係之舊思維，吾人應記取近 2015-2016 年來「甘比亞以及聖多美普林西比分別與中國復交事件弦外之音」、「肯亞強押 45 名我國人遭送北京事件」、「馬來西亞將我 32 名國人遣返中國受審事件」與「我漁船在日本沖之鳥礁海域遭扣押事件」、「WHA 邀請函刻意加註一中原則事件」、「國際民航組織年會（ICAO）被拒參加案」以及「國際刑警組織（INTERPOL）復被中國打壓」等涉外

案件之刻骨銘心教訓並深刻瞭解我外交處境之困難，今後我政府似宜採取與美、日、中等距離外交政策並衡量本身有限國力，量力而為彈性運用從而追求台灣之國家利益，至於新政府似有「聯美日制中」之戰略傾向，其風險甚高吾人務應格外客觀盱衡利弊評估其後果，並審慎操作台灣戰略安全選擇。按蔡總統 2016 年 9 月 20 日以民進黨主席身分曾以慶祝創黨 30 週年紀念日發表一公開信予黨員，呼籲「要力抗中國之壓力，要擺脫對於中國之過度依賴」，復於 2016 年 10 月 4 日接受美國《華爾街日報》(*Wall Street Journal*) 與 2016 年 10 月 8 日接受日本「讀賣新聞」之專訪則呼籲「兩岸盡快坐下來談，找出一個雙方都可能解決之辦法」，顯見蔡政府在整體戰略思維時軟時硬尚乏定見且充滿矛盾情結。

2. 隨著世界多極化之趨勢，二十一世紀國際政經焦點業已轉向亞洲，美國冀圖牽制快速崛起之中國，俄國因被歐洲制裁後轉向亞洲取暖，中國將會全力發展「一帶一路」之布局，兩岸關係或將再成為亞太區域之潛在「熱點」，儘管兩岸近年來表面上已明顯和緩，惟對岸對台仍虎視眈眈包藏禍心，新政府應以國家利益與人民福祉為念全力以赴，兩岸和解仍當係朝野最大公約數，允宜掌握天時地利人和共創雙贏。在促進兩岸關係方面，新政府必須正視中國之崛起，向國際社會保證台灣絕不追求法理獨立，力促立法院儘速通過「兩岸協議監督條例」與「兩岸服貿協議」以及「兩岸貨貿協議」並早日互設辦事處，至於是否簽署「兩岸和平協定」，台灣應從長計議，先洽獲國內共識不宜貿然驟下決定，蓋因兩岸對該協議思考之層面截然不同，我方係以和平、安全與國際參與為主，然而中國卻以統一為其最終目標，簽署該協定僅係

中國過渡性之政治安排,若吾人仔細省思台灣之現況,似可顯示近年來台灣從太陽花學運到反服貿到反課綱,台灣民意對兩岸關係之態度已漸發生「質變」,未來發展存有諸多變數絕不容忽視,鑑於中國第18屆6中全會於2016年10月24日在北京召開,2017年春天中共人代會第19大亦將召開,屆時必將全面檢討對台政策,同時2016年12月31日中共總書記習近平在中國全國政協新年茶會中強調,2017年中國仍將堅持「九二共識」為推動兩岸關係之共同政治基礎,因此我新政府似應採取「柳樹理論」以柔克剛,絕不應與中國交惡且不能誤判形勢,低估中國之決心,允宜尋求台灣與中國之新共識,尤其絕不宜再以抽象且空洞之語言搪塞應付中國。

3. 經貿係我立國之根本與施政之要務,經濟安全係國家永續發展之命脈,經濟實力亦係台灣發展對外關係之基礎,我駐外人員應以促進我經貿利益與加強開拓市場以及提升我競爭力為依歸,絕不可自我設限,然而此領域之表現向係我駐外使領館或代表處最弱之一環,鑑於全球化正在銳變之中,同時區域經濟整合亦將方興未艾,外交政策即經濟政策,作為小型開放經濟體之台灣,我應全力確保資源與海外市場,依照經濟學理論,構成 GDP 之三要素即出口、投資與消費,綜觀台灣當前經濟出口已失去成長動能、投資不振、產業競爭力下滑與內需乏力,由於兩岸關係或將持續「冷卻」,短期內絕不可能和緩,依據台灣指標民調 2016 年 10 月 14 日之結果顯示,民眾對蔡總統之表現僅有 37.6% 滿意與 46.6 不滿意,蔡總統今後將面臨極艱苦之內憂外患,在外交方面似有山雨欲來風滿樓之勢,在經濟層面亦必須面臨九彎十八拐

之「艱辛前程」，惟當前台灣最優先亟待處理且尚能操之在我者乃經濟問題，凡我駐外人員與企業界人士均有責任與義務接受挑戰全力以赴。此外，台灣似可學習南韓 1998 年政府再造計劃，整合外交與經濟兩部改組為「外交通商部」從而強化我競爭力與對外之綜合戰力。

4. 台灣應持續深化我全面民主化順應世界主流價值並包容異己超越對立，今後政府政策必須與民意一致，同時持續有力有理有節地加強台灣民主化之軟實力，並採取非傳統之作法著重在氣候變遷、疾病傳染、國際恐怖主義、網路安全與消除貧窮等跨國事務，增益與其他國家間合作關係，從而提升台灣在國際社會之能見度與新形象，並創造台灣在全球之不可或缺性。

5. 兩岸競合關係發展至今，已不能用統獨兩分法加以簡易論斷，台灣與中國之關係「亦敵亦友」，「係威脅亦係機會」中國決策機構內部對是否仍將在外交方面與台灣競逐，似有鷹派與鴿派存在，他們對許多方面論述彼此觀點南轅北轍，惟在加強排斥台灣任何涉及主權之外交議題與不斷吸收台灣之經貿投資方面雙方卻持有共同立場。面對此一現實，台灣必須審慎維持與中國當前之和平共存和平競爭之特殊關係，平衡處理兩岸關係、經濟提升與國內政治改革，根據陸委會 2015 年 7 月 15 日公布例行性民意調查顯示，72%之台灣人民支持政府在中華民國憲法架構下，維持台海兩岸「不統」、「不獨」與「不武」當前之政策立場，同時逾 70%民眾肯定兩岸制度化之協商，有助務實解決交流衍伸之問題，陸委會指出主張「廣義維持現狀」之民眾仍佔大多數，約 86%希望維持長期穩定。儘管以往 8 年馬前總統在國內之聲望甚

低，不可否認馬總統上任以來，在促進兩岸關係和諧方面似已盡心盡力，目前兩岸交流問題已透過機制解決，在 2016年 5 月 20 日以前兩岸關係係 67 年來最為穩定與和平之狀態，至於中國對民進黨執政之台灣政府察其言觀其行之階段已告結束，往後中國對台灣在國際空間之打壓將會逐漸增強，兩岸外交休兵之默契當無法再維繫殆無疑問，鑒於當前國際形勢與兩岸關係均已發生物換星移之變化，新政府必須以新思維因應當前兩岸新一波之動盪與不確定階段，台灣必須在當前國事艱困之際，終止民進黨與國民黨之惡鬥拋開成見，全力共同加強本身在外交與經貿之實力方能有所作為，並不斷呼籲中國正視中華民國係主權獨立國家之基本立場，一切以對話代替對立避免任何衝突並以交流穩定兩岸局面。

6. 台灣在區域經濟整合之進度嚴重落後，其主要障礙乃外交孤立因素以及本身努力不夠所致，有關經濟夥伴均與台灣無邦交，因顧慮中國反應以致遲疑不前，台灣今後務應發揮創意突破萬難，加速分別與美國、日本、歐盟及東南亞國協（ASEAN）洽簽經濟合作協議，尤其有鑒於東協擁有 6.5 億人口戰略地位重要，新政府似可藉由推動「新南向政策」以經濟實力開拓與東南亞國家之連結從而促進台灣儘速參與亞太區域經濟整合或可嘗試之作法從而打破以往對單一市場之過度依賴，台灣儘管面臨挑戰甚多，然而吾人沒有選擇餘地，今後除一方面在國內強力推動經濟結構轉型與改革，另一方面在國外爭取參與經濟整合之機會，惟參與之名稱不能輕忽，絕不能較 APEC 或 WTO 為差，同時應兼顧國家利益與尊嚴，必要時為維護中華民國主權之基本原則，不得不放棄加入亞投行甚至 RCEP 之計劃以免中國對我統戰得逞，

然而未來「新南向政策」在經濟方面必將面臨「一帶一路」與亞投行之擠壓，在政治方面更難穿透中國之衡阻，吾人當可預測該包括印度在內之「新南向政策」18國之計劃必將接受嚴格之檢驗，而且其過程必將面臨諸多挑戰與風險，尤其我國人長期忽略該地區之市場，彼此互信不足、資訊不夠且缺乏總體之整合力量，加諸政府準備不足、涵蓋面範圍過大、關稅不對等、起步太慢且對台商所提供之誘因有限，因此政府僅有架構規劃，缺乏實質作為，迄今效果欠佳。

7. 鑒於美國仍為全球之領導中心，台美2015年雙邊貿易高達666億美元，其中牛豬肉僅占5,200萬美元其比重並不高，台灣應以務實態度處理牛豬議題並儘速洽簽台美雙邊「貿易暨投資架構協定」(TIFA)從而爭取加入由美國推動之TPP。美國國務院亞太副助卿董雲裳 (Susan Thornton) 2015年5月21日曾在華府布魯金斯研究院針對台灣議題表示，保持目前台美間「低調零意外」之作法當能維持各方展現克制與彈性之現狀，美國承諾經由夥伴關係促進台灣之經濟繁榮與民主多元化，透過對國際社會之貢獻提升台灣之形象與尊嚴。

8. 釣魚台 (Diaoyu Islands or Senkaku Islands) 之爭已成為亞太地區一個不定時炸彈隨時可能引爆軍事衝突，我國應早日落實「東海和平倡議」之理念，暫時擱置主權爭議共同開發資源從而化解爭議，同時吾人必須瞭解當前日本宣稱擁有釣魚台，肇因於1971年美國在「沖繩返還協定」中，美方僅將行政管理權交於日方，而主權並未轉移，2012年9月11日日本政府卻宣稱「國有化」釣魚台，引起中國各地發生抗議日本之群眾運動，俟2015年4月27日美日兩國經安全諮商會議後通過新修訂之「美日防衛合作綱領」，雙方再度確認

釣魚台列嶼係日本行政管理下之領土（territories and the administration of Japan），適用於「美日安保條約」第五條所承諾之範圍，美日雙方反對任何尋求破壞日本對該島行政管理權力之片面行動，惟 2016 年 4 月 15 日日本外務省公布 2016 年版「外交藍皮書」卻將釣魚台列入日本「固有領土」，雖然我外交部立即提出嚴正抗議，事實上於事無補僅能產生有限效果，因此顯見中華民國基於歷史、地理以及國際法擁有合法論據持續具有該島之主權仍在國際社會間存有「爭議」且對台灣非常不利，惟有鑒於中國曾聲稱絕不承認 1951 年舊金山和約因而我國今後絕不可能與中國合作共同解決此一主權爭議問題，惟展望未來國際情勢變化多端難測，例如 2016 年 6 月 9 日中國與俄國數艘軍艦同時出現在釣魚台附近 12 海里海域巡航與日本軍艦對峙，日本外務省稱該舉措片面地升高緊張情勢，尤其日本無法瞭解中俄軍艦之動向有何關聯？惟中國駐日本大使程永華表示該行動乃屬正當，中國軍方則強烈宣稱，釣魚台乃中國固有領土，中國軍艦之航行合理合法，他國無權說三道四。我政府對於釣魚台主權問題之主張仍允宜保持積極之態度不斷向日本施壓，絕不輕易讓步，惟處理方式或可採取彈性原則。

9. 日本在美國縱容之情況下，2015 年 9 月經首相安倍晉三全力推動下終於通過「新安保法」並於 2016 年 3 月 29 日實施，該法案解禁「集體自衛權」片面撕毀戰後「和平憲法」之相關規定，准許自衛隊參與盟國之海外軍事活動從而抗衡中國在亞洲之軍事崛起，充分顯示安倍個人之強國野心與美國幕後支持之潛在動機，是舉非但不顧日本國內民眾之反對（據 2016 年 3 月 29 日《讀賣新聞》所發布之民調顯示 47% 受訪

者反對），而且更不忌諱周圍國家之不安，回顧歷史台灣務須永遠記取1937年日軍侵華遭致中國約有3,600萬人受害以及南京大屠殺之暴行等殘酷史實，對於日本軍國主義再起與軍事擴張之野心尤應存有高度戒心。近年來日本在慰安婦事件對強悍之韓國示軟，對台籍慰安婦卻至今拒絕道歉與賠償，2016年4月25日我國漁船「東聖吉16號」在日本沖之鳥礁附近之公海捕魚被日本公務船逮捕扣押，我船長遭脫衣檢查戴手銬，並要求罰176萬元方放行，足以顯見日方之蠻橫無理，深令我國人非常震驚與憤怒，同時益見「台日漁業協定」殊須再檢討，台灣絕不能容忍日本之違法擴權行為，蓋因此案攸關我漁權更涉及國家尊嚴，新政府絕不可令人質疑「逢中必反」「遇日則軟」以致引發國際社會之不齒與台灣反日之情緒再起。揆諸安倍首相之作為誠係一個不知殷鑑歷史之領導人，且不當操控民族主義意識與武士道精神，今後或將帶給亞太地區極大之禍害，殊值吾人密切注意。

10. 台灣係南海爭端六個主權聲索國之一，今後我應持續加強鞏固在太平島之安全防衛，並全力強化我在南海議題之合法地位從而積極參與多邊對話與合作關係，並在和平解決南海主權爭議之機制中發聲以維護我權益，惟南海在短期內發生武力衝突勢難排除，台灣務須避免捲入任何中國與相關國家之紛爭。此外，台灣仍必須不斷強調2016年7月海牙仲裁法院之裁決對台灣無任何法律拘束力。

11. 中國崛起勢將造成「中國世紀」之來臨，中國或將主導東亞大局，繼而挑戰美國全球霸主地位，世界各國均須面對此一現實，必須擺脫上世紀之冷戰思維並採取相對務實態度，千萬不可迷信依賴單一強權，台灣必須正視亞洲最大

經濟體中國存在之現實，從而推動亞洲共同合作，應改變反中之偏頗作法，新政府切勿妄想可在中美衝突中左右逢源或獲利，台灣應調整對中國之較平衡心態，從全球宏觀角度客觀認識中國務實面對自己，與中國共同營造雙贏目標，尤其 2015 年 11 月 6 日習近平與馬英九在新加坡之「馬習會」更確定「九二共識」係兩岸制度化協商之重要基礎，對此蔡英文總統 2015 年 5 月曾在總統大選期間赴美國訪問，儘管伊對兩岸政策仍隱晦不明未對「九二共識」有所著墨，惟提出「在中華民國現行憲政體制下」維持現狀以推動兩岸關係之論述，雖已背離以往民進黨內部急獨之路線，表面上顯已向中間靠攏，惟有鑒於蔡總統之一貫行事風格，凡事模糊以對並以現實利益為主，例如 1998 年在李前總統登輝之領導下創造出「兩國論」，並於 2000 年曾強勢阻擋陳前總統水扁承認「九二共識」之記錄，伊今後必須進一步主動公開放棄民進黨之台獨黨綱方能取信於民與國際社會，對蔡總統而言既要爭取美國之認同，復須顧及民進黨之立場並堅持自己之一貫主張，左支右拙非常困難。520 蔡英文總統在就職演說採取高度含混態度不提「九二共識」，中國反應非常強烈，今後兩岸關係或將波濤洶湧不容漠視，即使沒有斷交海嘯，迄今累積之外交成果恐難維持，倘若台灣與中國不幸掀起外交戰，兩岸關係將陷入決裂狀態，對國家絕非好事徒增台灣社會不安，新政府必須瞭解「九二共識」雖並不可能解決所有問題，惟兩岸和平係台灣持續發展之關鍵因素，例如中國國台辦主任張志軍 2017 年 1 月 2 日接受大陸中央電視台之專訪時稱，2017 年將係台海形勢極複雜嚴峻之一年，兩岸關係面臨許多不

確定因素與風險，中國仍繼續堅持體現「一中原則」之「九二共識」並堅決反對任何行是台獨。由上述談話足以顯見中國對台灣之堅定立場，似毫無任何鬆動。今後在處理兩岸關係應持以更審慎樂觀之態度，並擁有較過去更細膩之思考與操作，中國亦應擺脫長期不信任民進黨之慣性思維，改採開創性作為把握歷史機遇。

12. 台灣在國際參與方面，有鑒於中國曾表示須採個案處理，台灣今後應以加入「聯合國氣候變遷綱要公約」（UNFCCC）與「國際刑警組織」（INTERPOL）為優先，事實上 2016 年 3 月 18 日美國總統歐巴馬業已簽署法案，支持台灣以觀察員身分參與「國際刑警組織」，這係歐巴馬在 2013 年簽署法案支持台灣以觀察員身分參與「國際民航組織」（ICAO）之後，再度以通過具有拘束力法案之方式支持台灣參與國際組織，儘管目前遭到中國之打壓以致無法順利參與，展望未來仍須繼續努力，惟台灣必須注意美國政府支持台灣加入國際組織之基本原則係支持台灣有意義地參與不需國家地位之組織，因此以往對台灣將會產生不正常國家之聯想。

參考書目

中文書目

1. 林文程。中國談判的理論與實務——兼論台海兩岸談判。高雄：麗文文化事業有限公司，2000 年。
2. 酆邰。台灣法律地位問題的研究。台北：黎明文化事業公司，1985 年。
3. 索樂文（Richard H. Solomon）著，梁文傑譯。索樂文報告——中國談判行為大剖析。台北市：先覺出版社，2000 年。
4. 丘宏達、任孝琦合編。中國談判策略研究。台北：聯合報出版社，1987 年。
5. 李炳南。政治協商會議與國共談判。台北：永樂出版社，1993 年。
6. 關中。國共談判：1937-1947。台北：民主文教基金會，1992 年。
7. 蘇格。美國對華政策與台灣問題。北京：世界知識出版社，1998 年。
8. 許家屯。許家屯回憶錄。香港：聯合報有限公司，1993 年。
9. 陳治世。國際法論叢。台北：漢苑出版社，1978 年。
10. 杜蘅之。國際法之展望。台北：台灣商務印書館，1976 年。
11. 梁守德。國際政治學概論。北京：中央編譯出版社，1994 年。
12. 劉必榮。談判。台北：時報文化出版企業有限公司，1989 年。
13. 顧維鈞回憶錄。北京：中華書局，1994 年。
14. 羅浩。國際政治與國際組織。台北：風雲論壇出版社，1994 年。
15. 黃丙喜。動態危機管理。台北：商周出版社，2009 年。
16. 李元授與張強。談判。台北：上游出版社，2000 年。
17. 胡祖慶譯。國際關係。台北：五南圖書出版公司，1989 年。

18. 林碧炤。國際政治與外交政策。台北：五南圖書出版公司，1980 年。
19. 蕭旁。中國如何面對西方。香港：長城圖書貿易有限公司，1997 年。
20. 詹中原。危機處理-理論架構。台北：聯經出版事業股份有限公司，2004 年。
21. 丘宏達。現代國際法。台北：三民書局，2010 年。
22. 毛治國。決策。台北：天下雜誌股份有限公司，2014 年。

英文書目

1. Fred Charles Ikle. How nations negotiate. New York: Harper & Row publishers, 1982.
2. Henry A. Kissinger. On China. London: Penguin Books. Ltd. 2011.
3. Graham T. Allison. Essence of decision-explaining the Cuban missile crisis. Boston: Little, brown & company 1971.
4. Thomas L. Friedman. The world is flat. New York: Farrar, Straus & Giroux, 2005.
5. Hugh Miall. Contempory conflict resolution. Cambridge: Blackwell publishers Ltd. 1999.
6.Robert Gilpin. The Political economy of international relations. New Jersey: Princeton University, 1987.
7. Robert J. Myers. US foreign policy in the twenty-first century. Louisiana state university press,1999.
8. K. J. Holsti. International politics: A framework for analysis . New Jersey: prentice-Hall, Inc., 1977.
9. Amos A. Jordan. American national security . Balitimore: Johns Hopkins university press, 1999.
10. Charles O. Lerche. Concepts of international politics.New Jersey: prentice -Hall, Inc., 1979.

11.Ezra F. Vogel. Deng Xiaoping and the transformation of China. Cambridge: Harvard University press, 2011.

Do觀點47　PF0180

正視中國崛起
——台灣外交新戰略

作　　者／鄿　郤
責任編輯／辛秉學
圖文排版／楊家齊
封面設計／王嵩賀

出版策劃／獨立作家
發 行 人／宋政坤
法律顧問／毛國樑　律師
製作發行／秀威資訊科技股份有限公司
　　　　　　地址：114 台北市內湖區瑞光路76巷65號1樓
　　　　　　電話：+886-2-2796-3638　傳真：+886-2-2796-1377
　　　　　　服務信箱：service@showwe.com.tw
展售門市／國家書店【松江門市】
　　　　　　地址：104 台北市中山區松江路209號1樓
　　　　　　電話：+886-2-2518-0207　傳真：+886-2-2518-0778
網路訂購／秀威網路書店：https://store.showwe.tw
　　　　　　國家網路書店：https://www.govbooks.com.tw

出版日期／2017年2月　BOD一版　**定價**／240元

| 獨立 | 作家 |

Independent Author

寫自己的故事，唱自己的歌

正視中國崛起：台灣外交新戰略 / 酆邰著. -- 一
版. -- 臺北市：獨立作家, 2017.02
    面； 公分. -- (Do觀點 ; 47)
    BOD版
    ISBN 978-986-93886-6-5(平裝)

    1. 中華民國外交 2. 臺灣政治

578.2   105022705

國家圖書館出版品預行編目

讀 者 回 函 卡

感謝您購買本書,為提升服務品質,請填妥以下資料,將讀者回函卡直接寄回或傳真本公司,收到您的寶貴意見後,我們會收藏記錄及檢討,謝謝!
如您需要了解本公司最新出版書目、購書優惠或企劃活動,歡迎您上網查詢或下載相關資料:http:// www.showwe.com.tw

您購買的書名:＿＿＿＿＿＿＿＿＿＿＿＿＿＿＿＿＿＿＿＿＿

出生日期:＿＿＿＿＿年＿＿＿＿＿月＿＿＿＿＿日

學歷:□高中 (含) 以下　　□大專　　□研究所 (含) 以上

職業:□製造業　□金融業　□資訊業　□軍警　□傳播業　□自由業
　　　□服務業　□公務員　□教職　　□學生　□家管　　□其它＿＿＿

購書地點:□網路書店　□實體書店　□書展　□郵購　□贈閱　□其他

您從何得知本書的消息?

　　□網路書店　□實體書店　□網路搜尋　□電子報　□書訊　□雜誌
　　□傳播媒體　□親友推薦　□網站推薦　□部落格　□其他＿＿＿＿＿

您對本書的評價:(請填代號　1.非常滿意　2.滿意　3.尚可　4.再改進)

　　封面設計＿＿＿　版面編排＿＿＿　內容＿＿＿　文/譯筆＿＿＿　價格＿＿＿

讀完書後您覺得:

　　□很有收穫　□有收穫　□收穫不多　□沒收穫

對我們的建議:＿＿＿＿＿＿＿＿＿＿＿＿＿＿＿＿＿＿＿＿＿

＿＿＿＿＿＿＿＿＿＿＿＿＿＿＿＿＿＿＿＿＿＿＿＿＿＿＿＿＿

＿＿＿＿＿＿＿＿＿＿＿＿＿＿＿＿＿＿＿＿＿＿＿＿＿＿＿＿＿

＿＿＿＿＿＿＿＿＿＿＿＿＿＿＿＿＿＿＿＿＿＿＿＿＿＿＿＿＿

11466
台北市內湖區瑞光路 76 巷 65 號 1 樓
獨立作家讀者服務部　　　　收

....

（請沿線對折寄回，謝謝！）

姓　　名：_____　年齡：_____　性別：□女　□男

郵遞區號：□□□□□

地　　址：_____

聯絡電話：(日) _____ (夜) _____

E-mail：_____